Jochen Korte

Prima Klima!

Gegen Gewalt und Aggression

Materialien für die Sozialerziehung
in der Sekundarstufe

D1720580

Ⓐ Auer Verlag GmbH

Gedruckt auf umweltbewusst gefertigtem, chlorfrei gebleichtem und
alterungsbeständigem Papier.

1. Auflage. 2000
Nach der Neuregelung der deutschen Rechtschreibung
© by Auer Verlag GmbH, Donauwörth. 2000
Alle Rechte vorbehalten
Illustrationen: Cartoon Studio Meder, Fürth
Gesamtherstellung: Ludwig Auer GmbH, Donauwörth
ISBN 3-403-03396-1

Inhalt

1. Einführung

Müssen wir uns über das Sozialverhalten unserer Schülerinnen und Schüler noch Sorgen machen? Hat sich die Lage nicht längst entspannt? Die Diskussion über blutige Lippen und Erpressung hat an Heftigkeit verloren. Die zuständigen Ministerien präsentieren uns eine Fülle beruhigender Nachrichten. Die Schulen sind mit Vorschlägen zur Gewaltprävention überflutet worden. Informationsseminare werden angeboten und Aktionen wie „Sport gegen Gewalt" sorgen für positive Zeitungsartikel. Haben wir das Problem im Griff? Ist die Prognose für das Sozialverhalten unserer Schülerinnen und Schüler nun endlich im günstigen, „grünen" Bereich?

Leider, so muss man als Insider sagen, ist das nicht der Fall. Obwohl viele Worte gewechselt, viele Bücher geschrieben und viele Vorschläge gemacht wurden, hat sich in der Praxis nur wenig geändert. Mag in einigen Schulen der Einsatz von Präventionsprogrammen zu kleinen Erfolgen geführt haben, insgesamt gesehen hat sich das Sozialverhalten unserer Schülerinnen und Schüler nicht zum Besseren gewendet. Gewalt und Aggression an der Schule sind nach wie vor große Probleme. Und Verhaltensweisen, die als Vorform von Gewalt gekennzeichnet werden müssen – also Rücksichtslosigkeit, sprachliche Verrohung, Vorteilssuche auf Kosten anderer, verbale Sticheleien, Regelbruch, Lügen, Schummeln u. a. m. –, befinden sich auf dem Vormarsch. Und zwar, wie man mit großem Bedauern hinzufügen muss, mit Siebenmeilenstiefeln.

Nun wird das Sozialverhalten von Kindern und Jugendlichen nicht vorwiegend in der Schule geprägt. Auch das Phänomen Gewalt muss im Rahmen gesamtgesellschaftlicher Zusammenhänge eingeordnet werden. Wenn eine Verbesserung des Sozialverhaltens erreicht werden soll, brauchen wir konzertierte Aktionen, die sich vom Kinderzimmer bis in den Kabinettsaal erstrecken. Mit Schulpädagogik und dem guten Willen von Lehrkräften ist es wahrlich nicht getan, wenn man eine Wende in der Verhaltensproblematik herbeiführen will.

Andererseits muss man immer wieder darauf hinweisen, dass sich die Schule nicht aus der Affäre ziehen darf. Sie darf die verursachenden Außenfaktoren nicht zum Vorwand nehmen, die Hände in den Schoß zu legen. Der oft zitierte Satz „Schule ist nicht Reparaturbetrieb der Gesellschaft" darf nicht zu einer Vernachlässigung der Sozialerziehung und Gewaltprävention führen. Auch aus einem rein pragmatischen Grund steht die Schule in der Pflicht hier tätig zu werden. Ein friedliches und freundliches Miteinander ist eine Voraussetzung für das Schulehalten. Zank, Streit und Schlägerei wirken sich schädlich auf die Schulatmosphäre aus und stellen somit eine echte Lernbehinderung dar.

Lehrkräfte, die ihre sozialerzieherischen Aktivitäten verstärken wollen, stehen zumeist vor der Schwierigkeit geeignetes Unterrichtsmaterial zu finden. In Deutsch- und Religionsbüchern werden Themen der Sozialerziehung oft nur am Rande behandelt und sehr stark der Didaktik des Faches untergeordnet. In speziellen Projektmappen werden oft Vorhaben vorgeschlagen, die in der Praxis nur unter besonderen Voraussetzungen realisiert werden können. Verhaltenstraining und schülertaugliche Mediationsprogramme setzen wiederum Vorkenntnisse oder Fortbildungsangebote voraus. Netzwerke zur sozialen Exploration können nicht von einer einzelnen Lehrkraft installiert werden. Hier müssen verschiedene Institutionen personelle und finanzielle Ressourcen zur Verfügung stellen um Schülerinnen und Schülern Handlungsmöglichkeiten zu bieten. Die Frage, wie man Sozialerziehung mit bordeigenen Mitteln gestalten und intensivieren kann, bleibt oft unbeantwortet.

Hier lege ich nun Unterrichtsmaterialien zur Sozialerziehung und Gewaltprävention vor, mit denen man als Lehrkraft sofort in die Klasse marschieren kann. Sie sind schulartübergreifend für die Sekundarstufe 5–10 geeignet. Die Seiten sind so vorbereitet, dass sie als Kopiervorlage dienen sollen. Das gilt sowohl für die Arbeitsblätter als auch für die Texte.

Thematisierung von Sozialverhalten soll der Anbahnung sozialfreundlichen (oder, wie in der Fachliteratur benannt: prosozialen) Verhaltens dienen. Mir ist durchaus klar, dass die vorliegende Zusammenstellung von Arbeitsblättern vorwiegend verbale Strategien beinhaltet, die auf Vermittlung von Einsicht abzielen. Ein umfassendes Konzept von Sozialerziehung muss sich aber – und diese Ergänzung ist mir wichtig! – aus mehreren Quellen speisen. Insbesondere auch aus solchen, die das konkrete Tun in den Mittelpunkt der Bemühungen rücken. Ich bitte daher meine Leserinnen und Leser, die praktischen Maßnahmen einer wohlverstandenen Sozialerziehung nicht zu vernachlässigen. Ich verweise auf meine

Ideen zur Sozialerziehung und Gewaltreduktion, die ich andernorts (siehe Literaturverzeichnis) umfänglich dargestellt habe. In dieser Publikation geht es mir ganz bewusst um eine Handreichung für Lehrkräfte, die zunächst einmal anfangen wollen, sich dem Problem der Gewalt an ihrer Schule zu stellen, und geeignetes Material für den Start suchen. Im Übrigen wird man schon beim Blättern in den Vorlagen schnell erkennen, dass viele von ihnen Arbeitsaufträge vorschlagen, die auch praktisches Tun beinhalten. Thematisierung von Sozialverhalten und Gewalt soll nicht heißen, dass man das Thema nur verbal aufgreift und dann zur Tagesordnung übergeht.

Mir geht es darum, dass Schülerinnen und Schüler sich mit der Beschäftigung der vorgelegten Materialien den folgenden Zielen nähern:

- allgemeine Sensibilisierung für sozial problematisches Verhalten unter besonderer Berücksichtigung der Aggressionsproblematik,
- allgemeine Sensibilisierung für sozial vorbildliches Verhalten,
- Erhöhung der Bereitschaft der Schülerinnen und Schüler, ihr Verhalten zu kontrollieren,
- Erhöhung der Bereitschaft der Schülerinnen und Schüler, untragbarem Verhalten entgegenzusteuern,
- Aktivierung des Mitgefühls für Angegriffene,
- Übung des Perspektivenwechsels in Konfliktfällen,
- Einweisung in alternative Konfliktlösungsmöglichkeiten,
- Abbau der Hemmschwelle, sozialfreundliches Verhalten zu praktizieren (In der Praxis beobachtet man immer wieder, dass viele Kinder und Jugendliche sich scheuen, sich freundlich zu verhalten. Sie befürchten offenbar, dass ihr Image leidet, wenn sie anderen Personen helfen, ihnen Komplimente machen oder sie auch nur anlächeln. „Wenn ich so freundlich bin", sagte mir ein Schüler in einer Trainingsstunde, „denken die anderen, ich bin ein Weichei.")

Da ich dieses Buch als Arbeitsbuch konzipiert habe, kann ich den pädagogischen Rahmen nur kurz anreißen. Wer sich ein genaues Bild von meinen Ideen zur Gewaltreduktion und zur Sozialerziehung machen will, lese meine Bücher „Lernziel Friedfertigkeit", „Sozialverhalten ändern! Aber wie?" und „Stundenentwürfe zur sozialen Unterweisung". Diese Materialsammlung ist eine praktische Ergänzung zu den genannten Publikationen.

Wie können die vorliegenden Materialien im Unterricht eingesetzt werden? Die Seiten sind als Kopiervorlagen gedacht, so dass sie sofort genutzt werden können. Um das Kopieren zu erleichtern, sind sie in der Mehrzahl der Fälle als Einzelseiten gestaltet. Fast alle sind für die Hand der Schülerinnen und Schüler bestimmt. Auch Elternbriefe und Schulordnungsentwürfe sollten in der Klasse gelesen und besprochen werden. Viele Bögen sind als Impulsgeber („Zündzettel", „Denkzettel") zu betrachten, die eine fortführende Diskussion in Gang setzen sollen.

Die Vorlagen können in einzelnen Deutsch-, Religions- oder Kunststunden bearbeitet werden. Selbstverständlich können sie auch in epochalem Unterricht en bloc verwendet werden. Man kann sich passende Themen aussuchen und in seine Unterrichtsplanung einbauen. Man kann sich der Materialien aber auch als „Kurs" bedienen.

Im Übrigen sollte erwähnt werden, dass sich viele Bögen auch hervorragend dazu eignen, im Vertretungsunterricht eingesetzt zu werden.

Die Gliederung folgt dem Prinzip vom Einfachen zum Schweren. Während Wortassoziationsübungen zu Beginn leichte Kost darstellen, setzen die Texte zur Analyse der Aggressionsauslösung die Fertigkeit voraus, sich intensiv mit einem Problem auseinander setzen zu können. Inhaltlich geht es zunächst um die Klärung der Begriffe. Dann werden genauere Fragen gestellt. Auch sollen die Schülerinnen und Schüler über ihr eigenes Verhalten nachdenken. Die Erforschung der Rahmenbedingungen und Auslösung von Aggression dient der Vertiefung.

Das Nachdenken über die Phänomene reicht aber nicht aus, um Verhalten zu beeinflussen. Man muss sich Ziele setzen und Regeln aufstellen. Daher ist auch ein Themenblock mit Vorschlägen und Handlungsanweisungen eingefügt. Und schließlich sollte man sich nicht nur selbst in Aktionen gegen Gewalt und für mehr Freundlichkeit einbinden, sondern auch andere Personen zu diesem Verhalten anregen. Daher bilden plakative Kurztexte, die zur Gestaltung von Bildern, Plakaten, Postern, Buttons oder Handzetteln geeignet sind, den Schluss.

Die Bögen sind aus jahrelanger Beschäftigung mit Sozialerziehung und Gewaltprävention entstanden. Viele von ihnen sind in meiner Schule erfolgreich eingesetzt worden. Sie sind lernpsychologisch orientiert. Einige Ideen sind sozialpädagogischer und psychologischer Fachliteratur entnommen, die sich mit Verhaltenstraining beschäftigen. Wenn man Arbeitsbögen zur Mediation vermisst, hat das nicht damit zu tun, dass ich diesen Methoden ablehnend gegenüberstehe, sondern damit, dass ich mit ihnen wenig Erfahrung gesammelt habe. Die Erarbeitung von Konfliktlösungen am runden Tisch setzt eine hohe Verbalisierungsfähigkeit der Schülerinnen und Schüler voraus. Daran fehlt es im Haupt- und Förderschulbereich.

Bestimmte „formelhafte" Wiederholungen sind gewollt. Ich beabsichtige damit eine Art „mentales Einschleifen" von Verhaltensrichtlinien. Im Übrigen sollte man sich nicht scheuen, Variationen zu einem Thema anzubieten. Sinnvolle Wiederholungen stellen häufig einen Schlüssel zum Erfolg dar. Variationen geben der Lehrkraft auch die Möglichkeit, im Stationsverfahren die Themen an die Schülerinnen und Schüler heranzubringen. Die meisten der Arbeitsbögen können von der Klasse eigenständig bearbeitet werden.

Zum Schluss noch der Hinweis, dass die Materialien gut geeignet sind, als Basis für Informationsschriften für die eigene Schule zu dienen. Nach Auswahl und Bearbeitung geeigneter Bögen können Reader, kleine Dokumentationen oder Faltblätter in Eigenarbeit erstellt werden. Es lohnt sich, die Schülerinnen und Schüler in dieser Weise produktorientiert arbeiten zu lassen. Ausgestaltung der Blätter (z. B. mit dem Computer), Kopieren und Binden können Schülerinnen und Schüler in der Sekundarstufe I ohne weiteres in eigener Regie übernehmen.

2. Damit wir wissen, worüber wir reden

Assoziationen und Definitionen

Arbeitsbögen, Fragebögen

In diesem Kapitel geht es darum, Denkanstöße zu vermitteln. Die Schülerinnen und Schüler sollen aus der Reserve gelockt werden, ihr Interesse am Thema soll geweckt werden.
Die Vorlagen sind so konzipiert, dass klare Grenzen zwischen Aggressionen, unsozialem und sozialem Verhalten gezogen werden können. Nach eigenständigem Bearbeiten der Bögen soll im Klassengespräch jeweils ein Resümee gezogen werden.
Die Zusammenfassungen „Damit Klarheit herrscht" können als Startseiten von kleinen Broschüren zum Thema genommen werden.

Fragen zum Thema Gewalt

Würdest du sagen, dass in diesen Situationen jemandem Gewalt angetan wird? Kreuze jeweils ja oder nein an.

	ja	nein
1. Peter hat eine Fünf geschrieben. Vor Wut zieht er Sascha den Stuhl weg. Sascha fällt zu Boden.	☐	☐
2. Auf dem Schulflur herrscht großes Gedränge. Jessica rempelt Timo.	☐	☐
3. Auf dem Schulhof streiten sich Kevin und Dennis. Andreas tritt hinzu und fordert seinen Freund Dennis auf: „Hör auf zu reden! Hau ihm eine rein!"	☐	☐
4. Im Eifer des Fußballspiels trifft Mehmet nicht den Ball, sondern den Fuß von Marc. Der schreit vor Schmerzen auf.	☐	☐
5. Bianca ist 16 Jahre alt. Sie mag Nicki nicht. Nicki ist 12 Jahre alt. Bei jeder Gelegenheit stellt Bianca Nicki bloß und beleidigt sie.	☐	☐
6. Frank hat Thomas vor einer Woche Geld für den Bus geliehen. Thomas hat das Geld noch nicht zurückgegeben. Nun sagt Frank: „Wenn ich bis morgen nicht das Geld habe, ruf ich deine Eltern an."	☐	☐
7. Malte und Jan messen ihre Kräfte durch Armdrücken. Dabei rutscht Malte aus und fällt vom Stuhl. Jan lacht.	☐	☐
8. Petra leidet an Akne. Heike nennt sie grundsätzlich: „Pickelface."	☐	☐
9. Heiko hat beim Fußballspiel ein Tor durchgelassen. Nach dem Spiel kommt Patrick und gibt ihm eine Ohrfeige: „Das ist ein Denkzettel für dich, damit du beim nächsten Mal besser hältst."	☐	☐
10. Zwei kleinere Schüler prügeln sich auf dem Schulhof heftig. Tim geht dazwischen. Weil die Kampfhähne nicht voneinander lassen wollen, packt er beide hart an und schüttelt sie durch.	☐	☐
11. Jenni ist in Fabian verliebt. Franziska schreibt an die Tafel: „Jenni knutscht mit Fabian."	☐	☐

Nachdem du diesen Fragebogen beantwortet hast, vergleiche bitte deine Antworten mit denen deiner Klassenkameraden.

Blitzangriff im Unterricht

Mathe-Unterricht. Die Schüler zeichnen ein Dreieck ins Heft. Der Lehrer schreibt Aufgaben an die Tafel. Sven hat sich verzeichnet. Er hat sein Radiergummi vergessen. Er steht auf und holt sich Simons Radiergummi. Nach Gebrauch bringt er es aber nicht zu ihm zurück. „Her mit meinem Radiergummi", zischelt Simon ihm zu. „Hol's dir", zischelt Sven zurück. Simon geht zu Sven. Aber der lässt den Radiergummi in seiner Faust verschwinden. Der Lehrer schreibt weiter an der Tafel. Blitzschnell greift Simon Sven an, dreht ihm den Arm um und öffnet Svens Faust mit einem Judogriff. Der Radiergummi fällt zu Boden. Sven kocht vor Wut. Als Simon den Gummi aufheben will, schlägt er ihm mit der flachen Hand ins Gesicht. Jetzt erst dreht sich der Lehrer um.

Kreuze an, wie sehr die folgenden Aussagen für dich zutreffen.

1 bedeutet: stimmt haargenau
5 bedeutet: stimmt überhaupt nicht

	1	2	3	4	5
1. Das kommt oft vor.	☐	☐	☐	☐	☐
2. Mich ärgert so etwas.	☐	☐	☐	☐	☐
3. Ich finde das lustig.	☐	☐	☐	☐	☐
4. Ich mag das nicht.	☐	☐	☐	☐	☐
5. Hoffentlich passiert mir das nicht.	☐	☐	☐	☐	☐
6. Das sind immer dieselben.	☐	☐	☐	☐	☐
7. Mir ist das egal.	☐	☐	☐	☐	☐
8. Der Lehrer sollte schneller eingreifen.	☐	☐	☐	☐	☐
9. Ich weiß hinterher gar nicht mehr, wo wir waren.	☐	☐	☐	☐	☐
10. Mir verdirbt das die Laune.	☐	☐	☐	☐	☐
11. Das ist kindisch.	☐	☐	☐	☐	☐
12. So was mach ich auch.	☐	☐	☐	☐	☐
13. Das ist schon o.k. so, man muss sich wehren.	☐	☐	☐	☐	☐
14. Das muss man doch auch anders regeln können.	☐	☐	☐	☐	☐

Sprecht in der Klasse über eure Antworten.

Friedlich von A–Z

Suche Begriffe, die zum Thema „Friedfertigkeit" passen!

A _____

B _____

C _____

D _____

E _____

F   *friedlich, freundlich* _____

G _____

H _____

I _____

J _____

K _____

L _____

M _____

N _____

O _____

P _____

Q _____

R _____

S   *sich vertragen* _____

T _____

U _____

V _____

W _____

X _____

Y _____

Z _____

Aggression von A–Z

Suche Begriffe, die zum Thema „Aggression" passen!

A   *Aggression*

B

C

D

E

F

G   *Gewalt*

H

I

J

K

L

M

N

O

P

Q   *Quälen*

R

S

T

U

V

W

X

Y

Z

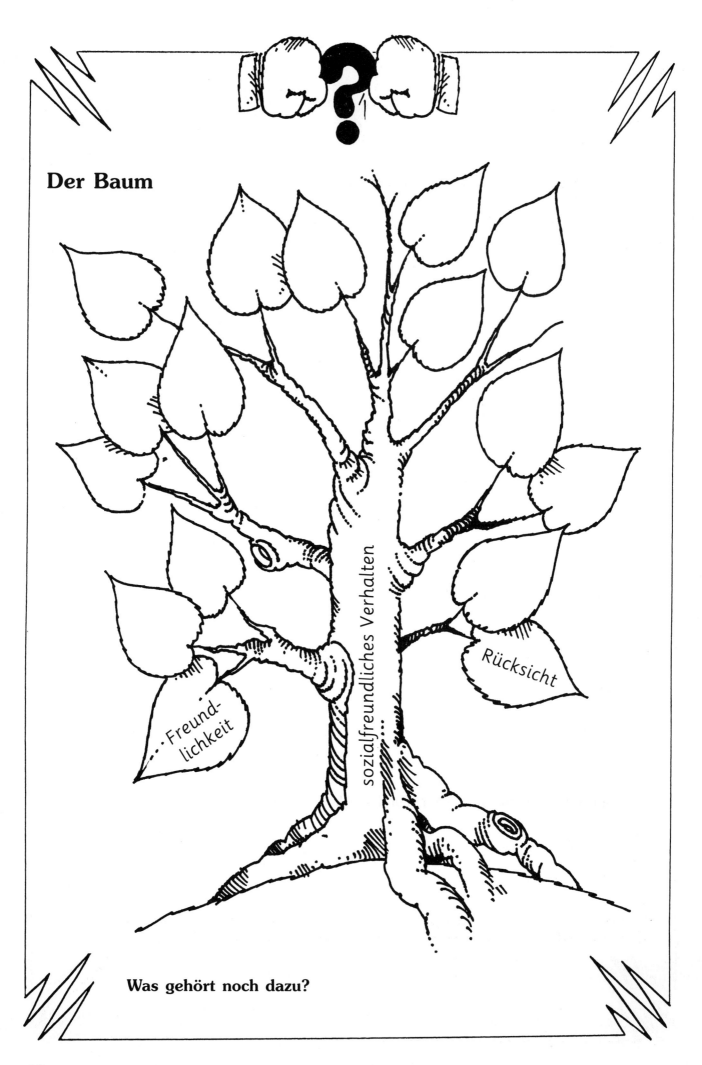

Der Baum

sozialfreundliches Verhalten

Freundlichkeit

Rücksicht

Was gehört noch dazu?

Rund ums Verhalten in der Schule

– Wenn's ums Verhalten in der Schule geht, fällt mir sofort ein _____

_____

– Das Verhalten von Schulkameraden finde ich in Ordnung, wenn sie _____

_____

– Das Verhalten von Schulkameraden finde ich nicht gut, wenn sie _____

_____

– Das Verhalten der Jungen nervt mich, wenn sie _____

_____

– Das Verhalten der Mädchen nervt mich, wenn sie _____

_____

– Auch Lehrkräfte verhalten sich manchmal so, dass es mich nervt. Vor allem, wenn sie _____

_____

– Dieses Verhalten mag ich nicht. Aber ich kann es ertragen: _____

_____

– Dieses Verhalten nervt mich so, dass ich mich beeinträchtigt fühle: _____

_____

– Dieses Verhalten kann ich überhaupt nicht ab: _____

_____

– In der Klasse fühle ich mich wohl, wenn _____

_____

– Auf dem Schulhof fühle ich mich wohl, wenn _____

_____

– Ich fühle mich zu Schulkameraden hingezogen, die _____

_____

– Ich habe Probleme, mit Schülerinnen und Schülern Kontakt aufzunehmen, wenn sie _____

_____

– Ich komme gut mit Schülerinnen und Schülern aus, die _____

_____

Beende die Sätze! Tausche den Bogen mit dem deines Nachbarn aus.
Sprecht in der Klasse darüber, welches Verhalten erwünscht ist.

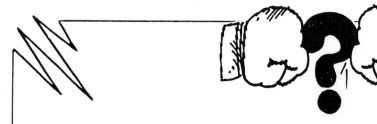

Damit Klarheit herrscht ...

Was wir unter Gewalt und Aggression verstehen:

Was wir nicht unter Gewalt und Aggression verstehen:

Versuch einer Definition:

gezielter Schlag ins Gesicht, unbeabsichtigtes Rempeln auf dem Flur, Unfreundlichkeit, Unzuverlässigkeit, Erpressung, Notlüge, freches Auftreten, Angeberei, Schlagen, Treten, Unehrlichkeit, Kratzen, Bespucken, Kräftemessen, freiwilliger Ringkampf, Abstreiten einer Handlung, Petzen, Beleidigung, Dazwischenreden, Lächerlichmachen, Schadenfreude zeigen, aus Versehen auf den Fuß treten, an den Haaren reißen, nicht „Guten Tag" sagen, Unhöflichkeit, Rachefoul, in den Unterleib boxen, gemeine Sexgesten machen, albern sein, Foul im Eifer eines Spiels, auf die Schulter klopfen, jemanden bedrohen, Fratzen schneiden

**Trage Begriffe, die passen,
in die Textfelder ein.**

Damit Klarheit herrscht ...

Was wir unter wünschenswertem, angemessenem Sozialverhalten verstehen:

Was nicht unbedingt notwendig ist:

Versuch einer Definition:

verlässlich sein, sich in den Arm nehmen, eigene Fehler zugeben, immer zustimmen, die Belange anderer berücksichtigen, Streit ohne Anwendung von Gewalt schlichten, ein bestimmtes Maß an Höflichkeit zeigen, jede andere Person anstrahlen, Händchen halten, Fehler anderer Personen anprangern, sich angemessen selbst behaupten, in einer Schlange stehen ohne zu drängeln, sich um Fairness bemühen, sich zur Begrüßung küssen, eigenen Ärger nicht an anderen Personen auslassen, mit anderen Personen zusammenarbeiten können, sich einschmeicheln, sich wie ein Engel betragen, sich um eine freundliche Sprache bemühen, sich vertragen, Lehrkräften die Tasche tragen, Beleidigungen ertragen

Trage Begriffe, die passen, in die Textfelder ein.

Ein Fall zum Nachdenken

Nico ist 11 Jahre alt. Er befindet sich in einer 6. Klasse. Eigentlich ist er ein ganz normaler Junge. Nicht zu dick und nicht zu dünn. Nicht zu groß und nicht zu klein. Er kann gut lernen. Er hat keine Pickel im Gesicht. Er hat keine feuerroten Haare. Und er trägt noch nicht einmal eine Brille.

Aber irgendwie treten alle auf ihm herum. Die Schule macht ihm keinen Spaß. Im Gegenteil, wenn er an Schule denkt, hat er immer einen dicken Kloß im Hals. Es gibt zu viele Schüler, die ihn beleidigen und angreifen. Seine Widersacher ärgern ihn, wann und wo sie immer können. Sie äffen ihn nach, sie spotten über ihn. Auf dem Flur rempeln sie ihn an. Im Sportunterricht wird er dauernd gefoult. Sie haben ihn aber auch schon geschlagen. Und einmal haben sie ihn auf der Schultoilette eingesperrt.

Nico schafft es einfach nicht, sich zu wehren. Und erzählen mag er auch nichts. Seine Mutter ahnt, dass er mit seinen Mitschülern Schwierigkeiten hat. Aber Genaues weiß sie nicht. Nico will auch nicht, dass sie mit dem Klassenlehrer spricht. Oft steht er verschüchtert in einer Ecke des Schulhofes. Und die Aufsichtslehrer merken auch nichts von seinem Leid. Meistens werden die Angriffe gegen Nico so geschickt vorgenommen, dass die Lehrer gar nichts bemerken. Nico wagt nicht, zu einem Lehrer zu gehen und von seinen Schwierigkeiten zu erzählen. Seine Widersacher haben ihm nämlich gesagt, dass sie furchtbare Rache nehmen würden, wenn er petzen würde.

Es gibt Klassenkameraden, die genau wissen, dass Nico Unrecht geschieht, dass er Angst vor den Angreifern hat und dass ihm die Schule überhaupt nicht mehr gefällt. Aber auch sie wagen es nicht, zu einem Lehrer zu gehen und von Nicos Leid zu berichten. Und helfen tun sie ihm schon gar nicht. Denn sie glauben, dass man gegen die Angreifer nicht ankommt und dass man selbst angegriffen werden kann. Nico bleibt mit seinen Ängsten allein.

Heute ist Nico nach dem Sportunterricht verprügelt worden. Er hatte während des Fußballspiels einige Fehlpässe gegeben. Und Simon, sein ärgster Widersacher, fordert ihn auf, morgen zwei Packungen Zigaretten mitzubringen. „Wenn ich die nicht kriege, gibt's Schläge. Und von jetzt ab machen wir's immer so. Wenn du was Dummes machst, musst du dich mit Zigaretten freikaufen …"

Nico steht im Supermarkt vor dem Regal mit den Zigaretten …

Wie kann die Geschichte weitergehen?

Denke dir eine Fortsetzung aus!

3. Und wie ist das mit mir?

Nachdenken über das eigene Sozialverhalten

**Fragebögen, Beobachtungsbögen, Situations-
beschreibungen**

Hier sollen die Schülerinnen und Schüler ihr eigenes Verhalten
unter die Lupe nehmen. Nach kurzer Lehrereinführung sollten die
Vorlagen eigenständig bearbeitet werden. Die vorgelegten Fragen
sind nicht als Test zu verstehen. Selbstbeobachtungsbögen
können als Startschuss für einfache Verhaltensmodifikations-
programme dienen.

Wie ist das mit deinem Verhalten?
Neigst du zu aggressivem Verhalten? Kannst du dies Verhalten kontrollieren?

Zuerst die negativen Fragen	oft	selten	nie
– Schimpfst du mit anderen Kindern?	☐	☐	☐
– Schreist du sie an?	☐	☐	☐
– Lachst du schadenfroh, spottest du, wenn anderen Kindern etwas nicht gelingt?	☐	☐	☐
– Beschimpfst du Erwachsene laut?	☐	☐	☐
– Fluchst du, wenn dir etwas nicht gelingt?	☐	☐	☐
– Sind Boxen, Treten, Stoßen, Kratzen Verhaltensweisen, die du bei dir beobachtest?	☐	☐	☐
– Beschädigst du Gegenstände aus Wut, Enttäuschung oder aus Spaß?	☐	☐	☐
– Knallst du die Tür zu, wenn du wütend bist?	☐	☐	☐
– Schnappst du anderen Schülern im Unterricht die Antworten weg?	☐	☐	☐
– Drängelst du, wenn du in einer Schlange stehst?	☐	☐	☐
– Begehst du im Sportunterricht Rachefouls?	☐	☐	☐
– Wird deine Stimme laut, wenn du andere kritisierst?	☐	☐	☐
– Platzt du in die Rede anderer hinein, auch wenn du nicht gefragt bist?	☐	☐	☐

Diesen Fragebogen kann man nicht wie einen Test auswerten. Er soll lediglich dazu dienen, dass du dich mit deinem Sozialverhalten beschäftigst. Wenn du aber mehr als fünfmal die Antwort „oft" angekreuzt hast, neigst du zu aggressivem Verhalten.

Und nun die positiven Fragen ja nein

– Äußerst du in normaler Lautstärke Kritik? ☐ ☐

– Kannst du zuhören, wenn andere ihre Meinung äußern? ☐ ☐

– Kannst du bei Enttäuschung deine Reaktionen zügeln? ☐ ☐

– Kannst du in einer Schlange stehen, ohne zu drängeln? ☐ ☐

– Kannst du dich in andere Menschen hineindenken und hineinfühlen? ☐ ☐

– Hältst du unaufgefordert Regeln ein? ☐ ☐

– Kannst du dich einer Schiedsrichterentscheidung fügen,
auch wenn du meinst, dass es eine Fehlentscheidung war? ☐ ☐

– Kannst du mäßigend auf andere Menschen einwirken? ☐ ☐

– Kannst du eigene Fehler zugeben? ☐ ☐

– Geht dir der Satz „Tut mir leid" leicht über die Lippen? ☐ ☐

– Kannst du gut mit anderen zusammenarbeiten? ☐ ☐

– Kannst du einen Streit schlichten? ☐ ☐

– Kannst du normal weiterspielen, wenn ein Gesellschaftsspiel
nicht in deinem Sinne verläuft? ☐ ☐

Diesen Fragebogen kann man nicht wie einen Test auswerten. Wenn du aber mehr als fünfmal „ja" angekreuzt hast, darf man annehmen, dass du dein Verhalten nicht nur gut kontrollieren kannst, sondern dass du auch ein gutes Sozialverhalten an den Tag legst.

Lerne dich selbst kennen!

– Was hat dich das letzte Mal richtig ärgerlich gemacht?

_____

_____

_____

– Was machte dich das letzte Mal unheimlich wütend?

_____

_____

_____

– Wie hat sich deine Wut entladen?

_____

_____

_____

– Wut ist zumeist der Endpunkt einer Entwicklung. Was hatte sich im Vorfeld abgespielt?

_____

_____

_____

– Welche körperlichen Reaktionen begleiteten deine Wut?

_____

_____

_____

– Wie schätzt du dich ein? Bist du oft wütend? Weniger oft? Fast gar nicht?

_____

_____

_____

– Was hätte dich (bei deinem letzten Wutausbruch) ruhiger gemacht? Wann und wie hättest du dich noch „einkriegen" können?

_____

_____

_____

– Hat deine Wut etwas bewirkt?

_____

_____

_____

– Abgesehen von deinem letzten Wutausbruch – wer macht dich allgemein leicht wütend?

_____

_____

– Gibt es Situationen, in denen die Gefahr besteht, dass du ausrastest?

_____

_____

– Gibt es beschreibbares Verhalten bei anderen Personen, das dich ärgerlich oder wütend macht?

_____

_____

– Siehst du Möglichkeiten, deine Wut oder deinen Ärger auf eine nicht schädliche Art rauszulassen?

_____

_____

_____

– Hast du Ideen, deine Wut oder deinen Ärger schon bei ihrem Entstehen zu dämpfen oder zu zügeln?

_____

_____

_____

– Wenn es zu einem Wutausbruch gekommen ist: Ist es dir hinterher peinlich?

_____

_____

_____

– Hast du früher, als kleines Kind, oft Wutausbrüche gehabt?

_____

_____

_____

– Hast du damals mit Wutausbrüchen etwas erreicht?

_____

_____

_____

Besprich deine Antworten mit deinem Tischnachbarn.
Oder bildet Viewergruppen und sprecht über eure Antworten.

Name _____ Vorname _____

Ich beobachte mich selbst!

Beobachtungszeitraum: _____

Welches Verhalten habe ich beobachtet?

1.: _____ 2.: _____

Und hier die Ergebnisse:

Zeit				
1. Stunde	○ geschafft	○ nicht geschafft	○ geschafft	○ nicht geschafft
2. Stunde	○ geschafft	○ nicht geschafft	○ geschafft	○ nicht geschafft
Pause	○ geschafft	○ nicht geschafft	○ geschafft	○ nicht geschafft
3. Stunde	○ geschafft	○ nicht geschafft	○ geschafft	○ nicht geschafft
4. Stunde	○ geschafft	○ nicht geschafft	○ geschafft	○ nicht geschafft
Pause	○ geschafft	○ nicht geschafft	○ geschafft	○ nicht geschafft
5. Stunde	○ geschafft	○ nicht geschafft	○ geschafft	○ nicht geschafft
6. Stunde	○ geschafft	○ nicht geschafft	○ geschafft	○ nicht geschafft

Unterschrift _____

Entwirf einen Selbstbeobachtungsbogen nach diesem Muster für dich oder benutze diesen Bogen als Vorlage und trage oben die Verhaltensweisen ein, die du bei dir beobachten willst.

Name Schneider   Vorname   Peter

Ich beobachte mich selbst!
Beobachtungszeitraum: 5. 5. 2000, 1.–6. Stunde

Welches Verhalten habe ich beobachtet?
1.: Antworten wegschnappen   2.: Schimpfen, Fluchen

Und hier die Ergebnisse:

Zeit	Ich habe im Unterricht keine Antworten weggeschnappt		Ich habe im Unterricht nicht geschimpft und nicht geflucht		Was überwiegt?
	geschafft	nicht geschafft	geschafft	nicht geschafft	
1. Stunde	☺	☹ (durchgestrichen)	☹ (durchgestrichen)	☹	–
2. Stunde	☺ (durchgestrichen)	☹	☺ (durchgestrichen)	☹	☺
Pause					
3. Stunde	☺ (durchgestrichen)	☹	☺ (durchgestrichen)	☹	☺
4. Stunde	☺	☺ (durchgestrichen)	☺	☺ (durchgestrichen)	☹
Pause					
5. Stunde	☺ (durchgestrichen)	☹	☺ (durchgestrichen)	☹	☺
6. Stunde	☺ (durchgestrichen)	☹	☺ (durchgestrichen)	☹	☺

Unterschrift   Peter Schneider

So kann ein ausgefüllter Bogen aussehen.

Was ich mir vornehme …

… kontrolliere ich auch!

Regel 1: _____

_____

_____

eingehalten:

	1. Tag	2. Tag	3. Tag	4. Tag	5. Tag	6. Tag	7. Tag
Ja							
Nein							

Regel 2: _____

_____

eingehalten:

	1. Tag	2. Tag	3. Tag	4. Tag	5. Tag	6. Tag	7. Tag
Ja							
Nein							

Regel 3: _____

_____

eingehalten:

	1. Tag	2. Tag	3. Tag	4. Tag	5. Tag	6. Tag	7. Tag
Ja							
Nein							

Was ich mir vornehme ...

... kontrolliere ich auch!

Regel 1: *Ich begrüße meine Klassenkameraden höflich.*

eingehalten:

	1. Tag	2. Tag	3. Tag	4. Tag	5. Tag	6. Tag	7. Tag
Ja	✗	✗		✗		✗	✗
Nein			✗		✗		

Regel 2: *Ich drängle nicht in der Schlange vor dem Milchstand.*

eingehalten:

	1. Tag	2. Tag	3. Tag	4. Tag	5. Tag	6. Tag	7. Tag
Ja	✗		✗	✗		✗	✗
Nein		✗			✗		

Regel 3: *Ich schnappe im Unterricht keine Antworten weg.*

eingehalten:

	1. Tag	2. Tag	3. Tag	4. Tag	5. Tag	6. Tag	7. Tag
Ja		✗	✗	✗	✗	✗	✗
Nein	✗						

5. 5. 2000   Peter Schneider

So kann ein ausgefüllter Bogen aussehen.

Lerne dich selbst kennen
Wie verhältst du dich?

Es herrscht große Unruhe in der Klasse. Der Lehrer hat mehrfach um Ruhe gebeten. Aber die Schüler schwatzen und lachen weiter. Du auch! Plötzlich platzt dem Lehrer der Kragen. Er gibt der ganzen Klasse eine Strafarbeit auf.

- [ ] Ich nehme die Strafarbeit zur Kenntnis und werde sie ohne Protest machen.
- [ ] Ich beschwere mich über die „Kollektivstrafe".
- [ ] Ich ärgere mich über die Strafarbeit und hetze in der Pause andere Schüler gegen den Lehrer auf.

Während eines Mathe-Tests guckt dein Nachbar bei dir ab. Dann versucht er dich flüsternd nach einem Ergebnis zu fragen. Du flüsterst zurück, dass er endlich ruhig sein soll. Der Lehrer meint nun, dass du bei deinem Nachbarn abgeguckt hast und nimmt dir den Test weg.

- [ ] Ich schreie den Lehrer verärgert an, dass er den Fall völlig falsch beurteilt.
- [ ] Ich bleibe ruhig und nehme mir vor in der Pause mit dem Lehrer zu sprechen.
- [ ] Ich fordere meinen Nachbarn auf, die Sache richtig zu stellen.

In der Pause ärgerst du ein Mädchen aus deiner Klasse mit der Bemerkung, dass sie in einen Lehrer verliebt sei. Das Mädchen rastet für dich völlig unerwartet aus und gibt dir eine Ohrfeige.

- [ ] Ich schlage zurück; und zwar kräftig, damit sie sieht, wer der Stärkere ist.
- [ ] Ich schlage nicht zurück und erkläre ihr, dass ich es nicht böse gemeint habe und es nicht wiederholen werde.
- [ ] Ich sage ihr, dass jeder das Recht auf freie Meinungsäußerung hat und dass sie mit einer Rachereaktion zu rechnen hat.

Du stellst einem anderen Jungen aus Jux und Übermut auf dem Schulhof ein Bein. Der Junge fällt zu Boden. Du wolltest nicht, dass er sich wehtut. Der Junge holt seinen Freund als Verstärkung und versucht eine Prügelei zu beginnen.

- [ ] Ich hole mir auch Verstärkung und prügele mit.
- [ ] Ich sage ihm, dass er sich nicht so anstellen soll und die Sache keine Prügelei wert ist.
- [ ] Ich entschuldige mich für den Beinhaken und sage ihm sofort, dass ich ihm nicht wehtun wollte. Um eine Prügelei zu vermeiden entferne ich mich langsam in Richtung Aufsicht.

Der Mathe-Lehrer kontrolliert die Hausaufgaben. Dabei stellt er fest, dass du drei Fehler gemacht hast. Dein Nachbar hat dieselben Fehler gemacht. Der Lehrer spricht nun laut die Vermutung aus, dass du von deinem Nachbarn, der in Mathe deutlich besser ist als du, abgeschrieben hat. Du hast aber nicht abgeschrieben.

- [ ] Ich stelle sofort klar, dass ich nicht abgeschrieben habe und bitte den Nachbarn dies zu bestätigen. Außerdem bitte ich den Lehrer keine vorschnellen Beschuldigungen auszusprechen.
- [ ] Ich verwahre mich in scharfem Ton gegen die Beschuldigung und drohe mit einer Beschwerde meines Vaters.
- [ ] Ich beiße mir auf die Lippen und sage nichts.

Überlege zunächst selbstkritisch und ehrlich, wie du dich in diesen Situationen verhalten würdest. Prüfe anschließend, welche der Antworten eine angemessene Reaktion beinhalten. „Angemessen" heißt nicht, dass man seinen Standpunkt und seine Interessen verleugnet!

Oh Schreck!
Die Busfahrkarte ist weg!

Situation:

Du sitzt im Schulbus. Du hast eine Monatskarte. Normalerweise hast du diese Karte in einem Brustbeutel. Heute aber hast du den Beutel vor dem Sportunterricht abgenommen und in der Schultasche verstaut. Ein Kontrolleur betritt den Bus. Er fordert dich auf, die Karte zu zeigen. Du greifst unter deinen Pullover um den Brustbeutel zu öffnen. Aber der Beutel ist nicht da. „Wo hab' ich denn die Karte?", sagst du. Der Kontrolleur blafft dich an: „Ja, wo hast du die denn? Bitte ein bisschen plötzlich. Wahrscheinlich hab' ich hier einen Schwarzfahrer im Netz." Du bekommst einen roten Kopf. Du öffnest die Schultasche. Die ist heute besonders voll: fünf Bücher, sieben Hefte, drei Mappen, eine Butterbrotdose, eine Jugendzeitschrift, ein Sportbeutel. Aber wo ist der kleine flache Brustbeutel hingerutscht? Du holst ein Buch raus und blätterst in ihm. Nun sagt der Kontrolleur: „Wenn du meinst, dass ich ewig Zeit habe, irrst du dich!" Er zückt den Block mit den Formblättern für eine Anzeige. „Schwarzfahren kostet 60,– DM", murmelt er. Die anderen Fahrgäste gucken dich an.

Was denkst du in diesem Augenblick? Wie handelst du?

☐ Dieser Idiot von Kontrolleur. Er will mich fertig machen.

☐ Scheiß Busunternehmen! Mit Kindern kann man's ja machen.

☐ Wenn das meine Eltern erfahren, krieg' ich Ärger.

☐ Wenn der Bus hält, hau ich gleich ab.

☐ Wenn die Leute bloß nicht so gucken würden. Ihre Blicke lähmen mich.

☐ Ich könnte dem Kontrolleur vor Wut in den Hintern treten.

☐ Immer muss mir so etwas passieren. Ich fang gleich an zu heulen.

☐ Ich weiß, dass die Karte da ist. Ich bitte den Kontrolleur zunächst die anderen Fahrgäste zu kontrollieren. In der Zwischenzeit durchsuche ich planmäßig meine Tasche.

☐ Ist mir doch alles egal. Meine Eltern regeln das.

☐ Ich möchte im Boden versinken. Ich kann nichts mehr tun.

☐ Oh, wie peinlich, ich mache dem armen Mann nur Ärger.

☐ Blöder Sack! Ich wünsche mir, dass du augenblicklich aus dem Bus fällst.

Das finde ich super!

Was ich an meinem Sozialverhalten gut finde

_____

_____

_____

_____

_____

_____

_____

_____

_____

_____

_____

_____

_____

_____

_____

Dein Verhalten ist nicht immer gut. Aber es ist auch nicht immer schlecht.

Nenne Beispiele für dein Verhalten, an die du dich gerne erinnerst und die du gut findest.

Das finde ich mies!

Was ich an meinem Sozialverhalten nicht gut finde

_____

_____

_____

_____

_____

_____

_____

_____

_____

_____

_____

_____

_____

_____

_____

_____

Und nun mal ganz ehrlich sein. Es gibt auch Beispiele, an die man sich nicht gerne erinnert.

Denke einmal nach, wann und wo du dich anderen Menschen gegenüber nicht gut verhalten hast und notiere das.

4. Prima Klima an unserer Schule?

Fragen stellen, der Sache auf den Grund gehen

Fragebögen, Interviewbögen, Unfallanalysen

Hier handelt es sich um das eigentliche Forschungskapitel dieser Sammlung. Die Arbeitsbögen sind so gestaltet, dass Schülerinnen und Schüler ohne Lehrerhilfe ihren Erkundungen nachgehen können. Zunächst geht es um das Sozialklima der eigenen Schule. Dann werden Einzelfälle analysiert. Die Frage nach den Folgen von Aggression steht im Mittelpunkt der Betrachtung. Bei der Sichtung der Arbeitserträge ist Lehrerregie angezeigt. Die Ergebnisse der Erkundungen eignen sich in hervorragender Weise dazu in Dokumentationen oder auf Informationsblättern festgehalten zu werden.

Fragebogenaktion

Liebe Schülerinnen und Schüler,

ist Gewalt an unserer Schule ein Problem? Habt ihr persönliche Erfahrungen mit Gewalt? Wir bitten euch, auf diesem Bogen einige Fragen zu beantworten. Die Ergebnisse der Befragung geben wir euch nach der Auswertung schriftlich bekannt.
Wir hoffen, dass sich eine rege Diskussion ergibt und dass wir Hinweise zur Verbesserung des Schulklimas erhalten. Natürlich ist die Umfrage anonym.

Angaben zur Person

Alter: _____ ☐ männlich ☐ weiblich
Und nun kreuze bitte jeweils die Antwort rechts in dem Kasten an, die du für richtig hältst. Bei einigen Fragen kannst du mehrere Kreuze machen.

1. Hast du in der Schule Erfahrungen mit Gewalt gemacht?
   ☐ nein ☐ ja ☐ als Täter ☐ als Opfer ☐ als Beobachter

2. Welches Verhalten würdest du als Gewalt bezeichnen?
   ☐ andere Schüler/innen ärgern ☐ gezielter Schlag ins Gesicht ☐ Erpressung
   ☐ Wortbruch ☐ ständiges Lächerlichmachen ☐ Rempeln
   ☐ Rachefoul nach dem Sport ☐ schwere Beleidigung ☐ Vogel zeigen
   ☐ unfreundliche Begrüßung

3. Welche Art von Gewalt findest du schlimmer?
   ☐ körperliche Gewalt ☐ seelische Gewalt ☐ gleich schlimm

4. Was würdest du tun, wenn ein Schüler am Boden liegt und ein anderer schlägt auf ihn ein?
   ☐ dazwischengehen ☐ weggucken ☐ mitschlagen ☐ Aufsicht holen

5. Welche Rolle spielt deiner Meinung nach Gewalt an unserer Schule?
   ☐ eine große ☐ eine mittlere ☐ eine geringe ☐ keine

6. Findest du, dass Gewalt an unserer Schule in den letzten Jahren zugenommen hat?
   ☐ ja, stark ☐ ja, ein wenig ☐ nein ☐ hat eher abgenommen

7. In welchen Klassenstufen sind Gewalthandlungen am häufigsten zu beobachten?
   ☐ Klasse 1–4 ☐ Klasse 5–6 ☐ Klasse 7–8 ☐ Klasse 9–10

8. Wo hast du Gewalthandlungen am häufigsten beobachtet?
   ☐ auf dem Schulhof ☐ auf der Toilette ☐ auf dem Flur ☐ vor der Schule
   ☐ in der Klasse ☐ im Schulbus

9. Warum werden deiner Meinung nach Schüler/innen in der Schule gewalttätig?
   ☐ weil sie Gewalt als Mittel einsetzen
   ☐ weil sie allgemeinen Frust ablassen wollen
   ☐ weil Schule so anstrengend ist
   ☐ weil sie schlechte Noten bekommen
   ☐ weil sie schlecht behandelt werden

10. Was schlägst du vor um Gewalt und aggressives Verhalten einzudämmen?

☐ mehr Aufsichtslehrer in den Pausen
☐ härtere Strafen
☐ mehr Gespräche über Gewalt
☐ eine neue Schulgestaltung (Hof, Flure)
☐ Betätigungsangebote in den Pausen

11. Welche der folgenden Maßnahmen würdest du als wirksame Strafe einschätzen?

☐ Schulausschluss über 14 Tage
☐ Sonderdienste: Papiersammeln, Saubermachen
☐ Gespräch beim Schulleiter
☐ Tadelbrief

12. Findest du, dass man sich an unserer Schule genügend um Opfer von Gewalt kümmert (sie tröstet, ihnen Gespräche anbietet, Schutz vor neuen Angriffen bietet)?

☐ ja   ☐ nein

Gewalt und ihre Folgen

Oft wird nicht bedacht, dass Gewalt und Aggression nicht als isolierte Ereignisse betrachtet werden dürfen.

Wenn jemand geschlagen, erpresst oder gedemütigt wird, ist das kein Vorfall, der sich „nur ereignet und dann vorüber ist".

Wenn man auf glattem Boden ausrutscht und einen blauen Fleck davon trägt, ist das ein Ereignis, das man schnell wieder vergisst. Einen tätlichen Angriff – auch wenn er keinen blauen Fleck verursacht – vergisst man nicht. Demütigungen oder Beleidigungen können dazu führen, dass man sich gedanklich fortwährend mit ihnen beschäftigt. Bei seelischen Wunden kann man nicht einfach ein Pflaster draufkleben.

Und noch ein wichtiger Punkt. Gewalt in der Schule ereignet sich zumeist vor einem Publikum. Eine Prügelei kann andere Schüler beunruhigen. Vielleicht haben sie Angst, selbst angegriffen zu werden. Andere Schüler wiederum ahmen Gewalt nach.

Und schließlich bedeutet Ausübung von Gewalt immer, dass Lehrerenergie gebunden wird. Die Lehrer müssen Fälle klären, Berichte schreiben, Elterngespräche führen.

Gewalt, so muss man feststellen, hat viele Folgen.

Nehmen wir einmal an, ein Schüler ist auf dem Schulhof angegriffen worden. Dabei ist er zu Boden gegangen und hat sich an der Stirn verletzt. Der Junge muss zum Arzt geschickt werden. Denk anhand dieses Beispiels noch einmal über die Folgen nach.

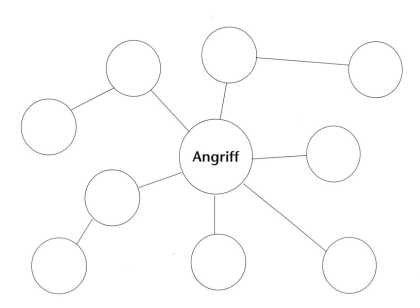

Ordne die folgenden Stichwörter in das Netz ein:

äußerer Schmerz, seelischer Schmerz, Verletzung, Demütigung, Angst vor neuen Angriffen, Schock, ärztliche Behandlung, Beunruhigung, Beeinträchtigung der Schulatmosphäre, Schulangst, Zeitaufwand zur Klärung des Falles, Unsicherheitsgefühl, Zeitaufwand für Berichte, Zeitaufwand für Elterngespräche, Kosten für ärztliche Behandlung, psychische Belastung, Sorge der Eltern, Sorge der Lehrer, Vertrauensverlust, ungute Erinnerung.

Gefühle – ein Blick ins Innere

Nehmen wir einmal an, da prügeln sich zwei Jungen. Normalerweise denkt man nur an das, was äußerlich sichtbar ist, wenn zwei sich streiten oder miteinander kämpfen. Sie strengen sich an, sie keuchen, sie schreien, sie bekommen einen roten Kopf, sie stöhnen, sie schwitzen. Vielleicht weinen sie auch. Und schon während eines Kampfes können die Augen anschwellen und die Lippen bluten.

Verlassen wir nun einmal die Ebene des Äußeren. Schauen wir ins Innere der Kontrahenten! Welche Gefühle können im Verlaufe eines Streites oder Kampfes auftauchen? Und welche Gefühle können nach der Auseinandersetzung noch folgen?

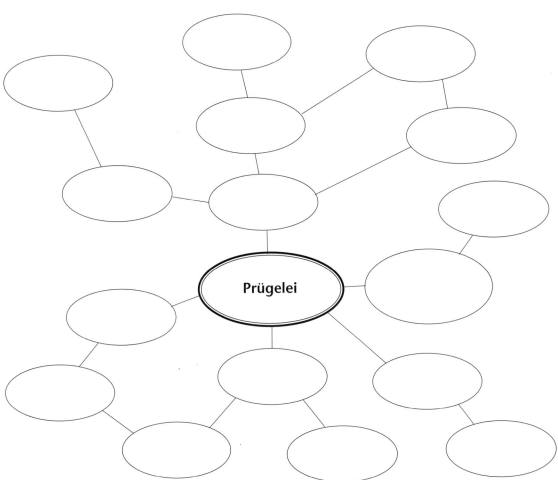

Übertrage die passenden Begriffe ins Netz!

Eifersucht, Demütigung, Wut, Ärger, Neid, Unsicherheit, Aufgewühltsein, Trauer, Ohnmacht, Überlegenheitsgefühl, Fröhlichkeit, Gefühl sich etwas beweisen zu müssen, Aufregung, Gleichgültigkeit, Mitgefühl, Gefühl anderen etwas beweisen zu müssen, Stress, Stolz, Unterlegenheit, Hilflosigkeit, Dankbarkeit, Erleichterung, Rachegefühl, Angst, Schadenfreude, Verwirrung

Welche Gefühle passen mehr zum Angreifer, welche mehr zum Angegriffenen?

Typisch, typisch!

Hier seht ihr einen Ausschnitt aus einer Unfallanzeige. Ein Schüler musste zum Arzt geschickt werden, weil sein linkes Auge nach einem Schlag ins Gesicht anschwoll. Außerdem war die Oberlippe aufgerissen und die Nase tat weh.

Unfallanzeige für Kinder, Schüler

Name und Anschrift der Einrichtung (Kindergarten, Schule)

Art der Einrichtung   **Träger der Einrichtung**

Unfallstelle

Unfallhergang:

Florian und Sven stritten sich mit Worten. Wer angefangen hat, konnte nicht ermittelt werden. Nach dem Wortgefecht drängte Florian Sven an die Wand und drückte auf seinen Hals. Sven meinte, dass er gewürgt wurde. Um sich zu befreien schlug er Florian mit aller Kraft und gezielt ins Gesicht.

Verletzungen:

Geschwollenes linkes Auge, aufgerissene Oberlippe, Prellung des Nasenbeins.

Fragen zum Vorgang

Womit begann die Auseinandersetzung?

_____

Konnte man herausfinden, wer den Streit begann?

_____

Woran erkennt man, dass es sich um ein typisches Aufschaukeln eines Streites handelte?

_____

Welche Gefahr besteht grundsätzlich, wenn jemand an eine Wand gedrückt wird?

_____

Kann man in diesem Fall genau abwägen, wer die „größere Schuld" hat?

_____

Obwohl Sven den verletzenden Schlag ausgeführt hat, kann er einen entschuldigenden Grund nennen.
Welchen? _____

Wie sähe die Verletzung aus, wenn Sven Florian voll ins Auge getroffen hätte?

_____

Welche Lehren können wir aus diesem Fall ziehen?

Jeder Streit kann böse Folgen haben.

Pöbelt euch nicht an, sondern redet miteinander.

Versuche immer Erregung abzubauen.
Ein Streit darf sich nicht hochschaukeln.

Lasst es nicht zu dem Punkt kommen, wo aus Worten Schläge werden.

Unkontrollierte Schläge können schwere Verletzungen nach sich ziehen.

Auswertungen der Unfallmeldungen der Schule

Unfallmeldungen werden gemacht, wenn nach einem Unfall im schulischen Bereich eine ärztliche Behandlung oder Begutachtung erforderlich ist. Wenn man die Unfallmeldungen einer Schule durchblättert, bekommt man einen genauen Überblick über das Unfallgeschehen einer Schule. Hier kann man auch feststellen, wie viele Unfälle im Zusammenhang mit Aggression (Streit, Tätlichkeiten) entstanden sind.

Die Auswertung dieser Unfälle sollt ihr jetzt selbst vornehmen. Lasst euch die Ordner über Unfallmeldungen geben und legt den auszuwertenden Zeitraum fest (z. B. Stichtag der Auswertung minus zwei Jahre).

Und nun füllt die folgende Tabelle aus:

Auswertung Unfallmeldungen. Zeitraum vom _____ bis _____

Gesamtzahl der Unfälle im Zusammenhang mit Aggression _____

Unfallstellen:

auf dem Schulweg _____

auf dem Schulhof _____

in der Turnhalle _____

auf dem Sportplatz _____

auf dem Schulflur _____

auf der Toilette _____

in einem Fachraum _____

im Klassenzimmer _____

Diese Körperteile wurden am häufigsten verletzt. Und zwar so oft:

Knie _____

Kopf _____

Fußgelenk _____

Augen _____

Steißbein _____

Handgelenk _____

Finger _____

Lippen _____

Schulter _____

Unfälle im Zusammenhang mit Gewalt und Aggression

Die Durchsicht der Unfallmeldungen unserer Schule ergibt folgendes Bild:

Im Zeitraum vom _____ bis _____ haben sich _____ Unfälle ereignet.

Davon standen _____ Unfälle im Zusammenhang mit Gewalt und Aggression. Das sind _____ Prozent der Unfälle.

Das sind die häufigsten Unfallstellen:

1. _____

2. _____

3. _____

Das sind die am häufigsten verletzten Körperteile:

1. _____

2. _____

3. _____

Diese Zahlen sprechen für sich. Wir wollen, dass sich diese Unfälle seltener ereignen. Helft alle mit, dass sich weniger Gewalt und Aggression an unserer Schule ereignet.

Erkundungsbogen/Unfallanzeige

Wenn es um die Sicherheit in der Schule geht, reden wir nicht über erfundene Geschichten. Schulunfälle geschehen – leider! – wirklich. Hier ein Beweis. Ihr seht die Kopie eines Ausschnittes einer Schulunfallmeldung. Solche Meldungen werden an die Unfallkassen der Gemeinden geschickt, wenn eine ärztliche Behandlung nach einem Unfall erforderlich ist. (Viele Schülerinnen und Schüler denken gar nicht daran, dass Unfälle auch Geld kosten. Die Behandlung des Arztes ist nicht umsonst.) In dem folgenden Fall geht es um einen Streit mit bösen Folgen. Der Unfall steht also mit aggressivem Verhalten in Verbindung. Es lohnt sich ganz besonders über einen solchen Fall nachzudenken. Denn anders als bei „klassischen Unfällen" (wenn man ausrutscht oder wenn man sich im Werkunterricht mit dem Hammer auf den Daumen schlägt) spielt hier die „Vorgeschichte" (z. B. ein Streit), die zu verletzenden Schlägen führt, eine besondere Rolle. Wenn man Einfluss auf diese Vorgeschichte nehmen kann, gelingt es oft Aggressionsausbrüche zu verhindern.

Hier Unfallmeldung einkleben!

Lest nun bitte genau die folgenden Fragen zu der Unfallmeldung und beantwortet sie!

Wie viele Personen sind in das Geschehen verwickelt? _____

Womit hat der Streit begonnen? _____

Wo hat sich der Fall abgespielt? _____

Wann hat er sich abgespielt? _____

Welcher Körperteil wurde verletzt? _____

Wie nennt man eine solche Verletzung? _____

Ist sie mit Schmerzen verbunden? _____

Hätte es zu einer schwereren Verletzung kommen können? _____

Wenn ja, zu welcher? _____

_____

Nun noch ein paar persönliche Fragen an dich.

Findest du, dass es sich hier um einen typischen Aggressionsunfall handelt?

_____

Kannst du dir eine Vorgeschichte zu diesem Fall denken? Wenn ja, skizziere sie kurz!

_____

_____

_____

Findest du in der Beschreibung des Unfallhergangs einen Punkt, an dem man das Geschehen noch in friedliche Bahnen hätte lenken können?

_____

_____

Findest du, dass das beschriebene Verhalten bestraft werden muss?

_____

Sollte man deiner Meinung nach Unfälle wie diese grundsätzlich im Klassenverband zum Gesprächsthema machen? _____

Fragebogen

Interview mit der Schulleitung

– Meinen Sie, dass Gewalt und Aggression zu einer Beeinträchtigung der Arbeit an einer Schule führen können?

_____

_____

– Welche Rolle spielen Gewalt und Aggression an dieser Schule?

_____

_____

– Wie definieren Sie Gewalt und Aggression an der Schule?

_____

_____

– Haben Sie Daten zu diesem Problem gesammelt?

_____

– Welche Maßnahmen zur Reduktion von Gewalt und Aggression haben Sie auf den Weg gebracht?

_____

_____

_____

– Waren diese Maßnahmen erfolgreich?

_____

_____

– Wo liegt der Schwerpunkt aggressiven Verhaltens? Mehr im tätlichen oder im verbalen Bereich?

_____

– Viele sagen, Gewalt und Aggression stellen die Spitze eines Eisberges dar. Wo liegt dann Ihrer Meinung nach die Problematik der Eisbergmasse?

_____

_____

_____

– Gibt es in der Schule typische Täter und typische Opfer?

_____

_____

– Woraus entwickelt sich im schulischen Bereich aktuelle Gewalt am häufigsten?

_____

_____

– Sind Sie als Lehrkraft schon einmal persönlich angegriffen worden?

_____

– Sind Sie schon einmal außerhalb der Schule zum Opfer von Gewalt geworden?

_____

– Glauben Sie, dass das Fernsehen eine Gewalt verursachende Rolle spielt?

_____

_____

– Folgen Sie der oft geäußerten Meinung, dass schlechte Zensuren zu Gewaltausbrüchen führen?

_____

_____

– Haben Lehrkräfte dieser Schule Fortbildungen zum Thema Gewalt an der Schule besucht?

_____

– Man hört oft den Ruf nach mehr und nach härteren Strafen. Rufen Sie da mit?

_____

_____

– Jugendarbeitslosigkeit und allgemeine Perspektivlosigkeit fördern die Gewaltbereitschaft von Jugendlichen. Was fordern Sie vom Staat um das Problem einzudämmen?

_____

_____

_____

– Wie schätzen Sie die Arbeit der sozialen Dienste in Bezug auf Schule und Gewalt ein?

_____

_____

– Meinen Sie, dass unsere Schule einen Sozialarbeiter braucht?

_____

_____

Fragebogen

Interview mit einem Täter

– Wir wissen, dass du an einer aggressiven Auseinandersetzung beteiligt warst. Nach dem, was wir bisher wissen, wurdest du als Täter, der schuldhaft gehandelt hat, bestraft. Wie wurdest du bestraft?

_____

_____

– Schildere den Vorfall noch einmal aus deiner Sicht!

_____

_____

_____

_____

_____

– Wie stehst du zu dem Vorwurf schuldhaft gehandelt zu haben?

_____

– Gab es Zuschauer bei dem Angriff?

_____

– Hat ein Lehrer eingegriffen?

_____

– Hast du aus dem Augenblick heraus gehandelt oder war der Angriff der Endpunkt eines Streites?

_____

– Hast du deine Beherrschung verloren oder hast du bewusst gehandelt?

_____

– Was denkt und fühlt man, wenn man feststellt, dass der Kontrahent der Schwächere ist?

_____

_____

– Hatte dein Kontrahent die Chance sich zu wehren?

_____

– Haben Zuschauer dich angefeuert?

_____

– Gab es Zuschauer, die dich bremsen wollten?

– Hast du Macht- und Überlegenheitsgefühle während des Angriffs gehabt?

– Findest du, dass Gewaltausübung ein Mittel ist, an deine Ziele zu kommen?

– Hat dich nach dem Angriff jemand angesprochen?

– Wusstest du, dass dein Angriff zu einer ernsthaften Verletzung führen konnte?

– Hast du deinen Freunden von diesem Vorfall erzählt?

– Hast du deinen Eltern von diesem Vorfall erzählt?

– Hast du dich mit deinem Opfer wieder vertragen?

– Findest du, dass die Begriffe Opfer und Täter in diesem Fall die richtigen Begriffe sind?

– Was hältst du von Wiedergutmachungsmaßnahmen nach Gewaltanwendung?

– Findest du, dass die Leute genug gegen Gewalt und Aggression unternehmen?

– Wenn du Lehrer wärst, was würdest du tun um zu einer Verringerung des Problems zu kommen?

– Glaubst du, dass du in einer ähnlichen Situation wieder Gewalt anwenden würdest?

– Was müssten die Mitschüler tun um dich wirkungsvoll zu bremsen?

– Kannst du dich in die Lage deines Opfers hineinversetzen? Könntest du nachempfinden, dass er Angst vor Wiederholungen hat?

– Kannst du dir vorstellen, dass starke Schüler durch Gewaltandrohung eine Art Psychoterror auf dem Schulhof ausüben können?

Fragebogen

Interview mit einem Zeugen

– Kannst du dich noch genau an das Geschehen erinnern?

_____

_____

_____

– Konntest du genau hören und sehen, was geschah?

_____

_____

_____

– Warum hast du nicht bremsend eingegriffen?

_____

_____

_____

– Warum war keine Lehrkraft da?

_____

_____

_____

– Konntest du erkennen, ob der Angriff aus heiterem Himmel geschah, oder hatten die Kontrahenten sich schon lange gestritten?

_____

_____

_____

– Hatte das Opfer eine Chance sich zu wehren?

_____

_____

_____

– Gab es andere Zuschauer?

_____

_____

_____

– Wie haben sie sich verhalten?

_____
_____
_____

– Hätte sich der Angegriffene noch schwerer verletzen können?

_____
_____
_____

– Hattest du Mitleid mit dem Opfer?

_____
_____
_____

– Hast du das Opfer oder den Täter später auf das Geschehen angesprochen?

_____
_____
_____

– Hast du mit anderen Schülern über diesen Fall gesprochen?

_____
_____
_____

– Wurdest du später zu diesem Fall von einer Lehrkraft vernommen?

_____
_____
_____

– Befürchtest du, dass du selbst einmal Opfer eines solchen Angriffs werden kannst?

_____
_____
_____

– Weißt du, ob der Täter später bestraft wurde?

_____
_____
_____

Fragebogen

Interview mit einem Opfer

– Worum ging es in deinem Fall?

_____

_____

– Kannst du dich noch genau an das Geschehen erinnern?

_____

_____

– Wann und wie ist es geschehen?

_____

_____

– Warum hat keine Lehrkraft eingegriffen?

_____

_____

– Glaubst du, dass der Angriff der Endpunkt eines Prozesses war oder dass er nur so, aus dem Augenblick heraus, geschah?

_____

_____

– Sag noch einmal genau, wer dich angegriffen hat. War es eine oder waren es mehrere Personen?

_____

_____

– Welche Chance hattest du dich zu wehren?

_____

_____

– Gab es Zuschauer? Wenn ja, welche?

_____

_____

– Haben sie eingegriffen? Wollten sie den Fall hochschaukeln oder wollten sie beruhigend auf den Angreifer einwirken?

_____

_____

– Was ist das für ein Gefühl, wenn man angegriffen wird und niemand hilft?

_____

– Das möchten wir ganz genau wissen. Was hast du gefühlt und gedacht, als du getroffen wurdest?

_____

_____

– Wie sehr tat es weh?

_____

_____

– Hast du geweint?

_____

_____

– Was hast du hinterher gedacht und gefühlt, als der oder die Angreifer weg waren?

_____

_____

– Welche Verletzung hattest du?

_____

_____

– War ärztliche Behandlung notwendig?

_____

_____

– Hat dich nach dem Angriff jemand angesprochen?

_____

_____

– Hast du mit einer Lehrkraft unmittelbar nach dem Angriff gesprochen?

_____

_____

– Hat sie dein Problem ernst genommen, hat sie dich getröstet?

_____

_____

– Hast du dich einem Freund anvertraut?

_____

_____

– Hast du Angst, dass dir so etwas Schreckliches noch einmal passiert?

_____

_____

– Hast du, wenn du an der Stelle, wo sich der Angriff ereignete, vorbeigehst, immer noch ungute Gedanken und Gefühle?

_____

_____

5. Draufhauen, sich beherrschen oder helfen?

Erklärungen suchen, Analogien herstellen

Texte, tabellarische Zusammenfassungen, Auswertungsbögen

Dieses Kapitel kann als eigentliches Studienkapitel der Sammlung betrachtet werden. Die Schülerinnen und Schüler sollen der Frage nachgehen, wie Aggression oder sozialfreundliches Verhalten ausgelöst werden. Texte führen in Stufenmodelle (aus der psychologischen Fachliteratur) ein. Die Lehrkraft kann selbst entscheiden, ob sie die Klasse eigenständig arbeiten lässt oder ob in konventionellem Unterricht eine Erarbeitung der Themen vorgenommen wird. Anschließend sollen soziale Situationen nach den vorgestellten Modellen analysiert werden. Dabei steht der Aspekt der Aggressionsvermeidung im Mittelpunkt. Der Vergleich aggressiver Ausbrüche mit Feuer lenkt den Blick auf die Rahmenbedingungen und die Entwicklung aggressiven Verhaltens.
Die Texte können unverändert im Mittelteil von Dokumentationen oder Readern verwendet werden.

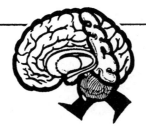

Als Gehirnforscher unterwegs I

Wie kommt es zur Auslösung von Aggression?

Päng! Da hat's geknallt. Matthias hat Dennis eine Ohrfeige gegeben. Die Sache ging ganz schnell. Zuerst hat Dennis Matthias den Stinkefinger gezeigt. Matthias fühlte sich angemacht. Er ging auf Dennis los und schon gab er ihm eine Ohrfeige.

Ein Ereignis, das sich in drei Sekunden abspielte. Und dennoch ging's nicht ohne blitzschnelle Vorüberlegungen über die Bühne. Bevor es zur Ohrfeige kam, haben sich in Matthias' Gehirn verschiedene Reaktionen abgespielt.

Das sehen wir uns jetzt einmal genau an. Wir untersuchen die Ohrfeige mit einer Gehirnzeitlupe. Doch zunächst etwas Theorie.

Es gibt verschiedene Ansätze zur Erklärung von Gewalt und Aggression. Im Folgenden wird ein Stufenmodell vorgestellt, das sich vor allem mit der Auslösung einer aggressiven Handlung beschäftigt. Aggression wird hier als das Zusammenwirken ganz bestimmter psychischer Vorgänge in sozialen Situationen erklärt. Der aggressiv Handelnde schreibt einem anderen Menschen, mit dem er zusammentrifft, feindselige Absichten zu. Wie es zu einer aggressiven Grundstimmung eines Menschen kommt, wird mit diesem Erklärungsansatz nicht berücksichtigt. Aber der Verlauf der Aggressionsauslösung, also das, was unbewusst und blitzschnell im Gehirn abläuft, bevor es zu einer Aggression kommt, ist für uns interessant, weil wir daraus auch Erkenntnisse gewinnen können, wie man Aggression vermeiden kann.

Wir spielen jetzt einmal Gehirnforscher und stellen uns die Frage, was vor einer aggressiven Handlung im Gehirn abläuft. Die Ohrfeige ist der Schlusspunkt verschiedener Überlegungen, die jene Person, welche die Ohrfeige austeilt, anstellt. Man könnte auch sagen: Die Ohrfeige folgt einem grünen Licht im Gehirn. Das Kommando an die Hand „Freie Fahrt. Du kannst deinem Gegenüber jetzt eine runterhauen!" kommt erst nach dem Durchlaufen von verschiedenen Stufen im Schaltkreis des Gehirns zustande. Unser Gehirn steht natürlich immer unter Strom. Aber der Aggressionsschaltkreis springt erst an, wenn wir uns in bestimmten Situationen befinden, in denen andere Menschen zugegen sind. Logisch: Wenn man schläft, kann man von Aggressionen träumen, aber man kann keinem Gegenüber eine Ohrfeige geben. Wenn man wach im Bett liegt, kann man sich aggressive Gedanken machen, aber es fehlt der Rahmen für die aggressive Handlung. Der aber ist im Gedränge des Schulflurs gegeben oder im Bus oder im Klassenraum. Hier gibt es wirkliche Menschen, auf deren Verhalten wir reagieren. Aggression, so wollen wir nun festhalten, hat zunächst einmal mit der Wahrnehmung einer sozialen Situation zu tun. Und wenn man etwas wahrgenommen hat – gefühlt, gesehen oder gehört hat –, wertet man es ganz automatisch aus. Man könnte auch sagen, dass wir Menschen immer mit ausgefahrenen Antennen herumlaufen, die soziale Impulse einfangen, die im Gehirn entschlüsselt und interpretiert werden. Und je nach dieser Interpretation wird eine Reaktion in Form einer Handlung ausgewählt.

Wenn die Auswertung eine unfreundliche, bedrohliche, feindselige Absicht des Gegenübers ergibt, wird eine aggressive Reaktion ausgewählt. Die Auswahl wird von bestimmten Vorerfahrungen mit aggressivem Verhalten beeinflusst. Damit wäre das Wesentliche dieser Theorie, die übrigens den schönen Namen Aggressions-Attributions-Modell hat, bereits gesagt. Nun kann man aber die Auswertungs- und Abwägungsprozesse noch genauer beschreiben. Dann kommt man auf die bereits erwähnte Stufenfolge, die wir uns jetzt genauer ansehen wollen.

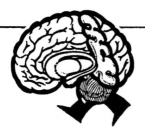

Gehen wir also Schritt für Schritt voran. Bleiben wir bei der Ohrfeige. Die Hand des Angreifers fliegt nicht so automatisch wie Eisenspäne an einen Magneten an die Backe des Opfers. Wir befinden uns auf der *ersten Stufe*. Zunächst muss der Angreifer sein Gegenüber wahrgenommen haben. Zum Beispiel auf dem Schulhof. Auch aggressiv gestimmte Menschen werden, wenn sie freundlich angelächelt werden, nicht gleich die Faust erheben. Was aber geschieht, wenn ein Gegenüber eine provozierende Handbewegung macht oder den Stinkefinger zeigt? Dann werden diese Gesten als feindselig eingestuft. Die Einstufung einer Handlung als bedrohlich oder feindselig ist eine Frage der Interpretation. Ein Stinkefinger ist ein klar provozierendes Zeichen. Aber es gibt durchaus unklare Signale. Eine erhobene Hand, ein unfreundlicher Blick oder eine gereckte Faust müssen nicht immer böse gemeint sein. Aggressiv gestimmte Menschen neigen dazu unklare Signale immer negativ, also als persönlichen Angriff, zu bewerten.

Zurück zu unserer Ohrfeige. Nach der Einstufung des Stinkefingers als feindseligen Akt knallt es noch nicht. Der Provozierte denkt zunächst: „Wie beantworte ich die Frechheit?" Er wählt nun eine Reaktion aus. Er kann sein Gegenüber zur Rede stellen, er kann ihm ebenfalls den Stinkefinger zeigen, er kann ihn anschreien, er kann ihm eine Ohrfeige geben, er kann einfach weggehen und den Fall auf sich beruhen lassen. In unserem Beispiel entscheidet sich der Provozierte zum Gegenangriff: „Dem haue ich eine runter!"

Doch halt! Die Hand fliegt immer noch nicht zur Backe. Wir befinden uns auf der *dritten Stufe*. Nach der Handlungsauswahl („Ohrfeige") wird blitzschnell geprüft, ob die Gegenaggression auch wirklich ausgeübt werden soll oder kann. Hier läuft ein Abwägungs- und Erinnerungsprozess ab. „Ich möchte ihm eine Ohrfeige verpassen. Aber ich weiß, dass Schlagen in der Schule streng verboten ist. Und vor einer Woche wurde ich wegen einer Prügelei bereits getadelt." Auf dieser Stufe spielen Vorerfahrungen mit Straferlebnissen eine große Rolle. Psychologen sprechen von Tatausführungshemmungen. Bei großen Hemmungen kann es sein, dass der Entschluss, dem Gegenüber eine Ohrfeige zu verpassen, wieder fallen gelassen wird. Nehmen wir an, die Hemmung reicht nicht aus. Es bleibt daher bei dem Entschluss: „Dem knall ich jetzt eine."

Doch erst nach dem gedanklichen Durchschreiten der *vierten Stufe* kommt es zum Schlag ins Gesicht des Gegenübers. Jetzt wird die Gegenaggression („Ohrfeige") einer kühlen Prüfung unterzogen. Die äußeren Umstände werden abgeschätzt. „Ist mir der Gegner auch nicht überlegen? Ist kein Lehrer in der Nähe? Welche Folgen können nach der Ohrfeige entstehen?" Das Bedenken der Konsequenzen kann noch einmal dazu führen, dass der geplante Angriff abgebrochen wird. An dieser Stelle muss angemerkt werden, dass viele Menschen die Konsequenzen ihrer Aggression nicht richtig einschätzen können. Das gilt nicht nur für die Opfer, sondern auch für sie selbst. Oft kommt es zur Tatausführung, weil die negativen Folgen von Aggression überhaupt nicht erkannt werden.

Wir haben soeben Gehirnforscher gespielt. Wir sind den blitzschnellen Gedanken vor der Ausführung einer Aggression auf der Spur gewesen. Immer wieder hat der aggressiv Handelnde abgewogen: „Soll ich? Oder soll ich nicht?" Uns interessiert besonders die Frage, wie es kommt, dass der aggressiv Gestimmte von seiner Aggression ablässt. Schließlich kann auf jeder Stufe des dargestellten Modells das Stopp-Signal „Achtung! Alles abblasen! Keine aggressive Reaktion!" die Oberhand gewinnen. Das wollen wir uns im folgenden Text noch einmal genauer ansehen.

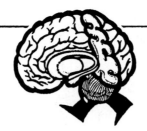

Als Gehirnforscher unterwegs II

Wie kommt es zu Stopp-Signalen: „Keine Aggression!"?

Wenn du scharf nachdenkst, wirst du sofort erkennen, dass man auf jeder Stufe ein Stopp-Signal vom Gehirn empfangen kann.

Auf der *ersten Stufe*: Oft sieht man nur einen begrenzten Ausschnitt einer Situation. In unserem Beispiel heißt es, dass Matthias sieht, wie Dennis den Stinkefinger in seine Richtung zeigt. Der Finger in „seiner Richtung" muss ja nicht ihm gelten. Wenn er bemerkt, dass neben ihm der Intimfeind von Matthias, René, steht, sieht die Sache ganz anders aus. Dann wird schon auf der Stufe der Wahrnehmung das Signal auf rot geschaltet: „Alles klar! Der Finger gilt gar nicht mir!"

Auch auf der *zweiten Stufe* kann es zu einer nicht-aggressiven Reaktion kommen. Vielleicht hat Matthias gerade gestern gute Erfahrung damit gemacht böse Gesten zu übersehen und den Provokateur ins Leere laufen zu lassen. Dann heißt es im Gehirn: „Kein Gegenangriff. Abdrehen und gar nichts erwidern!"

Wenn sich Matthias zum Gegenangriff entschieden hat, kann auch auf der *dritten Stufe* das Stopplicht aufleuchten. Vielleicht herrschen an der Schule strenge Regeln, so dass ihm das Risiko zu groß ist erwischt zu werden. Oder es kommt gerade der Aufsichtslehrer vorbei. „Stopp! Kein Gegenangriff. Da kommt die Aufsicht. Dann bekomm ich Ärger!"

Und schließlich kann die Aggression sogar noch auf der *vierten Stufe* gebremst werden. Hier wird genau abgeschätzt, was *diese* Aktion bringt. Welche Folgen habe ich zu erwarten, wenn meine Hand auf der Backe meines Gegenübers landet? Bei der Hemmung auf Stufe drei ging es um eine allgemeine Einstellung: Wenn Lehrer in Sicht sind, schlage ich nicht. Diesen Jungen nicht und jeden anderen auch nicht. Jetzt heißt die Devise: Was geschieht, nachdem ich diesen Jungen geschlagen habe? Es kann z. B. so sein, dass Matthias sich daran erinnert, dass Dennis eine Ohrenkrankheit hat. Im letzten Moment durchzuckt es ihn: „Wenn ich dem jetzt an den Kopf schlage, kann das katastrophale Folgen haben. Also lass ich das." Auf dieser Stufe ist rationales, vorausschauendes Denken gefragt. Leider beherrschen nicht alle Menschen dieses Denken. Schon gar nicht, wenn sie wütend sind! Daher sollte man dieses Abschätzen der Folgen üben!

Üben? Ja, du hast richtig gelesen! Verhalten kann man üben. Auf jeder Stufe des Modells kann man etwas tun um Aggression zu vermeiden. Das kannst du in der folgenden Tabelle (S. 54) nachlesen.

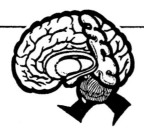

Als Gehirnforscher unterwegs III

Auf welcher Stufe kommt das Stopp-Signal?

Und nun seid ihr dran. In den folgenden Szenen kommt es nicht zu einer aggressiven Gegenreaktion. Prüft bitte, auf welcher Stufe die Bremse gezogen wurde.
Mit dem Arbeitsblatt „Was geht hier vor?" (S. 55) kannst du dir die Auswertung der Fälle erleichtern. Wenn du die vorgegebenen Szenen bearbeitet hast, sollst du dir selbst Szenen oder Situationen ausdenken, die du mit Hilfe des Stufenmodells analysieren kannst.

– Ein schöner Spätsommertag. Merle blinzelt in die Sonne. Sie ergreift ihr Cola-Glas. Sie will trinken. Plötzlich schlägt ihre Freundin Gina ihr das Glas aus der Hand. Es kippt um. Das Getränk schwappt über den Tisch. Gerade will Merle Gina anschreien, da sieht sie eine Wespe im Glas …

– Tim will in die Schule. Jan versperrt ihm den Weg. „Heute fällt die Schule aus", sagt Jan und stellt sich vor die Schultür. „Hau ab und lass mich durch", sagt Tim. Dabei schlägt er Jan unsanft auf die Schulter. Eigentlich wollte Jan nur einen Scherz machen. „Aber nun schlägt Tim mich. Das ist 'ne Frechheit. Der kriegt was zurück!" Jan erhebt die Hand und will zuschlagen. Aber kaum hat er sie erhoben, lässt er sie wieder sinken. Und – oh Wunder – die Tür gibt er auch frei. „Guten Morgen, Herr Müller", sagt Jan. Denn soeben hat Herr Müller, der Rektor der Schule, das Gebäude betreten …

– Alle wissen, dass mit Heiko, Schüler einer 9. Klasse, nicht gut Kirschenessen ist. Wer ihm zu nahe kommt, muss mit Überraschungen rechnen. Er ist groß, stark und immer angriffsbereit. Auf dem Schulhof steht er ganz oben in der Rangliste. Heute im Gedränge vor der Eingangstür bekommt Heiko plötzlich einen Schlag in die Magengrube. Und das von einem Knirps aus der sechsten Klasse. „Was erlaubt der sich", denkt Heiko. „Ausgerechnet mich greift der an! Da werde ich keine Worte verlieren. Dem werd ich ein Ding verpassen, dass er sein Leben lang dran denkt. Irgendein Lehrer in Sicht? Nein, dann kann's ja losgehen!" Heiko schnappt sich den Kleinen, drückt ihn gegen die Wand und erhebt drohend die Hand. Der Kleine trägt eine Brille. Unter dem rechten Glas sieht Heiko einen Verband. Heiko lässt die Hand sinken. „Hau ab!", murmelt er. „Und pass das nächste Mal besser auf!"

– „Karla ist in Stephan verliebt!" Das schreibt Katharina seelenruhig an die Tafel. Sie will Karla ärgern. Karla findet das auch gar nicht witzig. Gestern hat Katharina mit einem ähnlichen Spruch Sandra zur Weißglut gebracht. Die Sache endete in einer wilden Prügelei. Während Katharina noch ein Liebesherz an die Tafel malt, erinnert sich Karla an die unschöne Szene von gestern. „Ich lass mich nicht provozieren", denkt Karla. Sie geht an die Tafel, nimmt ein Stück Kreide und schreibt: „Stimmt! Morgen feiere ich Verlobung." Die Klasse lacht. Während sie zu ihrem Platz zurückgeht, sagt sie zu Katharina: „Morgen schreibst du mal an die Tafel, wen du liebst. Okay?"

Aggressionsverlauf

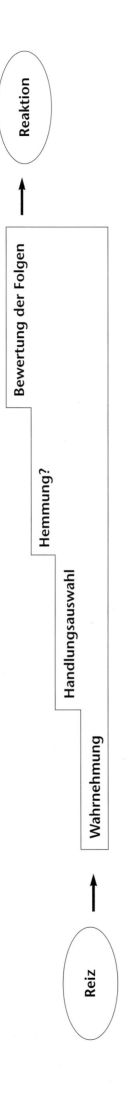

Reiz → Wahrnehmung → Handlungsauswahl → Hemmung? → Bewertung der Folgen → Reaktion

Wahrnehmung	Handlungsauswahl	Hemmung?	Bewertung
Reiz wird als bedrohlich oder nicht bedrohlich empfunden	Wenn bedrohlich: Auswahl einer Gegenhandlung – Gegenaggression? – Flucht? – Zur Rede stellen? Wenn Gegenaggression, weiter auf Stufe 3	Wenn Auswahl Gegenaggression: Hemmung durch Vorerfahrungen (der Wunsch nach Gegenaggression wird unterdrückt) Oder: Hemmung reicht nicht aus, dann weiter auf Stufe 4	Gegenaggression wird einer Prüfung unterzogen. – Einschätzung des Gegners – Welche Folgen entstehen? – Lehrer in der Nähe? Bei Bewertung „problemlos": Tatausführung

Was kann man tun, um nach diesem Stufenmodell Aggressionen zu vermeiden?

Wahrnehmung	Handlungsauswahl	Hemmung?	Bewertung
Genaue Wahrnehmung üben: „Gilt der böse Blick überhaupt mir?" „Ist der Blick überhaupt böse?"	Mut haben nicht aggressiv zu reagieren. Angemessene Selbstbehauptung üben. Reden anstatt Schlagen.	Sich freiwillig Regeln unterwerfen. Hemmungen nicht unterdrücken.	Vorausschauend denken. Sich die Spätfolgen klarmachen. Sich in das „Opfer" einfühlen.

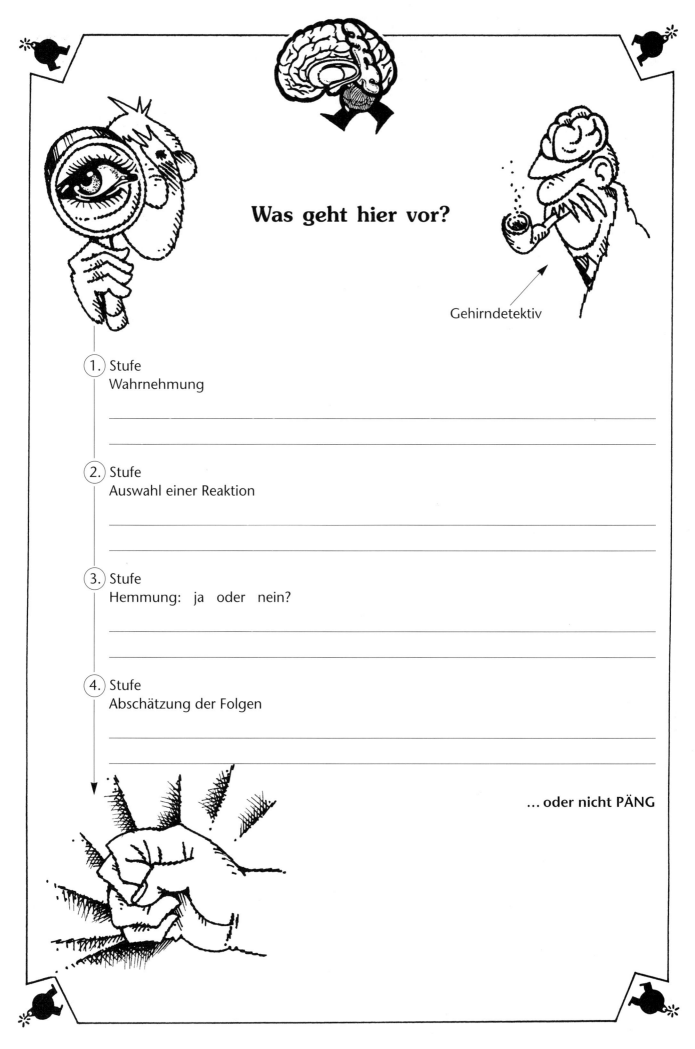

Was geht hier vor?

Gehirndetektiv

1. Stufe
   Wahrnehmung

   _____

   _____

2. Stufe
   Auswahl einer Reaktion

   _____

   _____

3. Stufe
   Hemmung: ja oder nein?

   _____

   _____

4. Stufe
   Abschätzung der Folgen

   _____

   _____

... oder nicht PÄNG

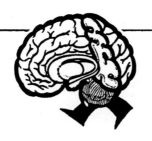

Was geht hier vor?

Gehirndetektiv

1. Stufe
Wahrnehmung

Petra zeigt den Stinkefinger. Und sie lacht dabei frech.

Das gilt mir!

2. Stufe
Auswahl einer Reaktion

Der werd ich mal zeigen, was Sache ist.

Der knalle ich 'ne Ohrfeige!

3. Stufe
Hemmung: (ja) oder nein?

Oh, da kommt der Aufsichtslehrer!

Also lass ich das!

4. Stufe
Abschätzung der Folgen

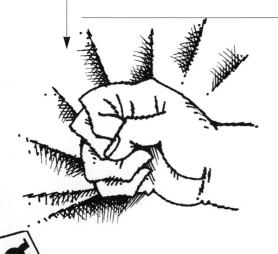

... oder nicht PÄNG

So kann ein ausgefüllter Bogen aussehen.

56

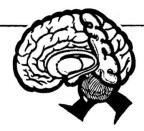

Als Gehirnforscher unterwegs IV

Wie kommt es zur Ausführung einer sozialfreundlichen Handlung?

Wir haben darüber nachgedacht, wie es zu einer aggressiven Handlung kommt. Nun wollen wir darüber nachdenken, wie es zu einer sozialfreundlichen Handlung kommt.

Jetzt geht es nicht um den Schlag ins Gesicht, sondern um die freundliche Geste, das tröstende Wort oder die erste Hilfe. Was läuft vorher an Gedanken im Gehirn ab?

In diesem Erklärungsansatz geht es wiederum nur um die Auslösung des Verhaltens. Natürlich kann man auch darüber nachdenken, wie es zu einer freundlichen Grundstimmung und sozialen Gesinnung kommt. Aber das wäre dann ein eigenes Thema. Hinweise für die Entwicklung von Aggression finden sich im Kapitel „Feuer-Analogie" (S. 63 f.).

Ähnlich wie beim Aggressionsverlauf werden verschiedene Verarbeitungsstufen durchlaufen. Wieder beginnt alles damit, dass man eine soziale Situation als solche wahrnimmt. Na logisch! Wie soll man jemandem Hilfe zukommen lassen, wenn man mit sich allein im Kämmerchen ist. Mit der Wahrnehmung einer sozialen Situation ist es aber gar nicht so einfach. Man muss schon genau hinschauen und hinhören. Man muss leises Räuspern hören, verlegene Augenaufschläge erkennen und nervöses Haaredrehen entdecken können. Und damit nicht genug, man muss das Verhalten von Menschen in Bezug auf andere Menschen und sächliche Gegebenheiten erkennen. Die soziale Umgebung spielt nämlich in dem komplizierten Prozess der Verhaltensformung eine wichtige Rolle. Das ist übrigens der Grund dafür, dass ihr euch in der Klasse anders verhaltet als auf dem Schulhof. Um es an einem Beispiel deutlich zu machen: Die Wahrnehmung von Tränen in den Augen eines Kindes müssen noch nicht zur Auslösung einer Tröstung führen. Erst wenn man die Rahmenbedingungen erkannt hat, kann der Startschuss zur guten Tat fallen. Also: Das weinende Kind an der Hand der Mutter wird kurz wahrgenommen und dann geht der Blick weiter. Aber ein weinendes Kind, das mutterseelenallein vor einer Kreuzung steht, sollte uns signalisieren, dass hier etwas nicht stimmt. Ich sage ganz bewusst „sollte", denn es gibt viele Menschen, bei denen es mit der Wahrnehmung sozialer Situationen nicht klappt. Die übersehen so ein Kind glatt!

Wenn man nun erkannt hat, dass (im sozialen Bereich) etwas nicht in Ordnung ist, interpretiert man die Situation. „Kleiner weinender Junge an der Kreuzung. Wie kommt er dahin? Was will er? Hoffentlich läuft er in seiner Verzweiflung nicht bei Rot über die Ampel! Du meine Güte! Irgendwie ist die Situation sogar gefährlich. Warum hilft ihm denn keiner?" Die Auswertung der Situation führt zu der Feststellung, dass jemand hilfsbedürftig ist. Wenn just in dem Moment, wo die Hilfsbedürftigkeit festgestellt wird, eine aufgeregte Mutter zur Ampel eilt und dem Kind die Hand entgegenstreckt, wird man sich denken: „Alles klar. Dem Kind wird schon geholfen. Ich gehe weiter."

Nachdem man sich ein Bild von der Lage gemacht hat, wird eine Handlung ausgewählt um zu helfen. (An dieser Stelle muss natürlich auch erwähnt werden, dass es leider Menschen gibt, die sich trotz richtiger Einschätzung der Lage nur abwenden und ihren eigenen Geschäften nacheilen. „Na, soll der Junge doch sehen, wie er klarkommt. Ich hab's eilig. Ich gehe.") Auswählen kann man aber nur, wenn mehrere Möglichkeiten zur Verfügung stehen. Und hier liegt oft das Problem. Viele Menschen wissen einfach nicht, wie man helfen kann. Ihnen fehlen die entsprechenden Verhaltensmuster. Wie spreche ich eine hilfsbedürftige Person an? Wie tröste ich ein weinendes Kind? Auf diese Fragen wissen sie keine Antwort. Daher ist es empfehlenswert, das „Hilfsverhalten" im

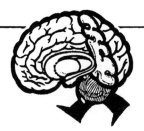

Rollenspiel zu üben. Um bei unserem weinenden Jungen zu bleiben: Ein freundliches Ansprechen könnte der richtige Weg sein ihm zu helfen.

Auf der letzten Stufe des Gedankenverlaufs *vor* der Handlung muss nun nach Sichtung der Möglichkeiten eine Verhaltensweise ausgewählt und geprüft werden. Auf der dritten Stufe ging es mehr um die Prüfung der zur Verfügung stehenden Mittel. Jetzt kommt der Ideen-TÜV und checkt durch, ob das Hilfsangebot auch wirklich durchgeführt werden kann. Das Wissen um übliches Sozialverhalten spielt hier eine besondere Rolle. Wenn kleinen Kindern heutzutage eingeschärft wird, sich nicht von Fremden ansprechen zu lassen, muss man dies bei der Formulierung des Hilfsangebotes berücksichtigen. Auf dieser Stufe der Überlegungen könnte man auch zu der Erkenntnis kommen, dass man sich überschätzt hat. Wenn man als Autofahrer bei gegebener Situation soeben die freundliche Idee gehabt hat, einen anderen Wagen abzuschleppen, kann es durchaus sein, dass man sich jetzt (erst) daran erinnert, dass man ja gar kein Abschleppseil an Bord hat.

Wenn ein Hilfsangebot nicht durchführbar ist, springen die Gedanken zurück auf Stufe drei und suchen nach anderen Möglichkeiten. Wenn grünes Licht gegeben wird , kommt es zu der – von uns so sehr erwünschten – sozialfreundlichen Tat. „Hallo mein Kleiner! Nicht erschrecken, dass ich dich anspreche. Was ist denn passiert? Hast du deine Mama aus den Augen verloren? Ich helfe dir suchen."

Wiederum muss ich darauf hinweisen, dass man auf jeder Stufe dieses Modells Verhalten üben kann. In der Tabelle habe ich die Stufenfolge zusammengefasst und Hinweise eingefügt, was man tun kann, damit es öfter zu einer sozialfreundlichen Handlung kommen kann. Außerdem habe ich einige Situationen angefügt, die ihr mit dem Stufenmodell auswerten könnt. In Anlehnung an den Auswertungsbogen „Was geht hier vor?" (Da ging es um Aggression!) habe ich einen Bogen unter dem Titel „Wie kann ich helfen?" angefügt. Mit seiner Hilfe gelingt es leichter die Situationen nach dem Stufenmodell auszuwerten.

Die Stufenmodelle (Auslösung von Aggression und sozialfreundlichen Verhaltens) lehnen sich an die Modelle, die F. und U. Petermann in ihren im Literaturverzeichnis angegebenen Büchern vorstellen.

Wie es zu einer sozialfreundlichen Handlung kommt

Soziale Situation → ... → **Soziale Reaktion**

Wahrnehmung	Auswertung	Suche nach einer Handlungsmöglichkeit	Auswahl einer Handlung. Abschätzung der Folgen
Wahrnehmung einer sozialen Situation. Erkennen der Einzelheiten und der Rahmenbedingungen. „Ein 5-Jähriger weint vor der Ampel."	Auswertung der „Daten". Erkennen der Hilfsbedürftigkeit einer Person. Einfühlung in diese Person. „Das ist nicht normal. Der braucht Hilfe."	Durchforsten der Möglichkeiten zu helfen. „Was kann ich tun?" – Hilfe holen? – selbst helfen? „Hilfe holen. Ihn ansprechen?"	Auswahl der Hilfshandlung. Prüfung, ob sie zu verwirklichen ist. Welche Folgen hat die Handlung? „Ihn freundlich ansprechen. Mit ihm seine Mutter suchen …."

Was kann man auf den Stufen tun, damit es öfter zu einer sozialfreundlichen Handlung kommt?

Wahrnehmung	Auswertung	Suche nach einer Handlungsmöglichkeit	Auswahl einer Handlung
Genau hinsehen. Auf Einzelheiten achten. Prüfen, ob alles zueinander passt.	Über Unpassendes nachdenken. Die Perspektive der/des Hilfsbedürftigen einnehmen.	Sich Handlungsmuster zurechtlegen. Sprechmuster üben. Den Mut haben den ersten Schritt zu tun. Im Rollenspiel Situationen durchspielen.	Vorausschauend denken. Eigene Fähigkeiten richtig einschätzen.

59

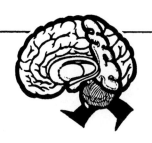

Wie kann ich helfen?

Gehirndetektiv

1. Stufe
   Wahrnehmung

   _____

   _____

2. Stufe
   Auswertung

   _____

   _____

3. Stufe
   Auswahl einer Reaktion

   _____

   _____

4. Stufe
   Abschätzung der Folgen

   _____

   _____

... oder nicht?

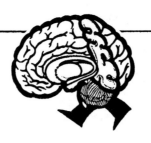

Was geht hier vor?

Gehirndetektiv

1. Stufe
   Wahrnehmung

   Da steht ein Kind an der Ampel und weint. Die Ampel zeigt grün,

   aber das Kind geht nicht rüber.

2. Stufe
   Auswertung

   Das ist nicht normal, dass es weint und nicht rübergeht.

3. Stufe
   Auswahl einer Reaktion

   Ich spreche es an, frage was los ist.

4. Stufe
   Abschätzung der Folgen

   Kann ich das? Hat es vielleicht Angst vor Fremden.

   Nein! Okay, ich tue es.

   ... oder nicht?

So kann ein ausgefüllter Bogen aussehen.

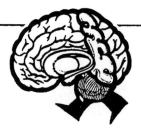

Was geht hier vor?

– Marc bummelt durch ein großes Kaufhaus. An den Verkaufstischen herrscht Gedränge. Plötzlich sieht er ein kleines Mädchen, das unschlüssig an der Rolltreppe steht. Es ist höchstens fünf Jahre alt. Es hat Tränen in den Augen. Es geht näher an die Rolltreppe heran. Die Erwachsenen hasten an dem kleinen Kind vorüber. Nun will die Kleine die Rolltreppe betreten. „O je", denkt Marc, „die Sache wird gefährlich." Er läuft zur Rolltreppe, nimmt das Mädchen an die Hand und redet beruhigend auf es ein.

– Vor dem Bäckerladen sitzt ein großer Schäferhund. Drei Meter vor der Eingangstür steht ein 10-jähriger Junge. Er wagt nicht weiterzugehen. Man sieht ihm an, dass er Angst vor dem Hund hat. Da kommt Jenni vorbei. Sie ist 14 Jahre alt und kann gut mit Hunden umgehen. „Geh doch rein", sagt sie zu dem Jungen. „Der Hund tut dir nichts." Der Junge bewegt sich nicht. Jenni sieht, wie er einen roten Kopf bekommt und sich auf die Unterlippe beißt. „Na", denkt Jenni, „dann werd ich ihm helfen. Ich werde den Hund am Halsband festhalten." Da sieht sie, dass der Hund kein Halsband trägt. „ So fasse ich ihn nicht an", denkt sie. „Dann geh ich rein und hole den Besitzer." Gedacht, getan! Sie lächelt den Jungen an: „Warte, ich hole den Besitzer!"

– Molli ist die Katze vom kleinen Andreas. Molli geht gerne auf Erkundungstour. Aber wenn sie auf hohe Bäume geklettert ist, gelingt es ihr manchmal nicht wieder herunterzukommen. Heute ist sie auf die Buche im Garten geklettert. Nun sitzt sie in den Zweigen der Krone und weiß wieder nicht, wie sie runterkommen soll. Sie miaut kläglich. Andreas will ihr zu Hilfe kommen. Er holt eine Leiter und will auf den Baum klettern. Jasmin, ein 12-jähriges Mädchen, schaut gerade aus dem Fenster. Sie sieht, wie der kleine Andreas die wacklige Leiter besteigt. „Du meine Güte, was will der auf dem Baum?" Da sieht sie Molli im Wipfel des Baumes. „Wenn Andreas zu Molli will, dann wird's gefährlich. Was mache ich bloß? In den Garten laufen? Dann komm ich zu spät." Sie reißt das Fenster auf. „Andreas, nicht auf den Baum klettern! Ich komme und helfe dir." Im Treppenhaus überlegt sie weiter. „Ich schaff das nicht. Den Jungen kann ich zurückhalten. Aber die Katze kann ich nicht holen." Da hat sie eine Idee. „Erst lauf ich zu Andreas und hole ihn von der Leiter. Dann hole ich den Nachbarn, Herrn Müller. Der schafft es die Katze zu holen."

– Die Erstklässler sind gerade eingeschult worden. In der Pause haben sie es schwer sich auf dem großen Schulhof zurechtzufinden. Petra, eine Schülerin der siebten Klasse, sieht einen Jungen der ersten Klasse, der am Fahrradständer steht und erbärmlich weint. Vor ihm liegt eine ausgelaufene Kakaotüte. Als Petra näher heran tritt, sieht sie, dass der Junge ein blutendes Knie hat. „Es reicht nicht, dass ich ihn tröste. Wir brauchen Verbandszeug." Sie winkt sofort dem Aufsichtslehrer zu: „Herr Müller, kommen Sie schnell! Der Junge blutet!" Während Herr Müller heraneilt, spricht sie tröstend auf den Jungen ein.

Denke dir ähnliche Situationen aus! Spiele sie im Rollenspiel durch und wende deine Erkenntnisse aus dem Stufenmodell an.

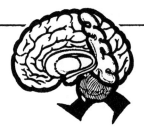

Als Sozialforscher unterwegs I

Die Feuer-Analogie

Wie Konflikte eskalieren. Wie es zum Ausbruch von Gewalt kommt.

Man kann den Ausbruch von Aggression mit lodernden Flammen vergleichen. Aber lodernde Flammen brechen nicht in Sekundenschnelle aus. Sie entwickeln sich. Vergleiche die Entwicklung des Feuers mit der Entwicklung von Aggression. Sieh dir die Texte genau an und überlege, was man tun kann, damit sich das Feuer (oder der Konflikt, die Aggression) nicht weiter ausbreitet.
Den Vergleich mit dem Feuer kann man auf Alltagssituationen und ganze Lebensläufe anwenden. Er soll dazu dienen den Blick für die Entstehung und das Wachsen von Aggression zu schärfen.
Während wir bei dem Stufenmodell auf die Auslösung von Aggression gesehen haben, beschäftigen wir uns im Folgenden mit den Umständen, die zu einer aggressiven Grundstimmung und schließlich zu aggressiven Handlungen führen.

Die Feuer-Analogie

Das richtige Feuer

Es gibt Stoffe, die leicht brennbar sind.
Mit ihnen muss man vorsichtig umgehen,
denn es besteht Feuergefahr.

Spannung, Reibung, Hitze können zu einem
Zündfunken führen. Ein kleiner Funke genügt
um ein Feuer in Gang zu setzen. Zunächst
glimmt es nur. Leichter Rauch kräuselt sich
empor.

Das Glimmen geht in sichtbare Flammen über.
Deutlicher Rauch steigt auf.
Es entwickelt sich gefährliche Hitze.

Das Feuer lodert hell auf. Heiße Glut entsteht.
Die Flammen wirken zerstörerisch.
Es besteht die Gefahr, dass das Feuer auf
Gegenstände überspringt.

Das Feuer der Aggression

Unzufriedenheit, ungelöste Konflikte,
Unstimmigkeiten führen zu einer gereizten
Grundstimmung. Die Menschen sind negativ
„geladen" und angriffslustig.

Kleine Sticheleien, Zusammenstöße
oder Enttäuschungen genügen um einen
Zündfunken im Kopf (oder im Herzen)
überspringen zu lassen. Im Inneren der
Menschen entsteht ein Schwelbrand.
Die Angriffsbereitschaft erhöht sich.
Die Hand schließt sich zur Faust.

Innere Erregung, Ärger und Wut schaukeln
sich auf. Im Inneren der Menschen kocht es
bereits. In ihren Gedanken züngeln bereits
Flammen. Nur mit Mühe kann die Faust
beherrscht werden.

Die Menschen sehen rot. Sie explodieren mit
Worten und Taten. Sie schlagen in blinder Wut
um sich. Die Flammen ihrer Aggression sind in
ihrem gesamten Verhalten sichtbar. Sie wirken
zerstörerisch und können andere Menschen
anstecken.

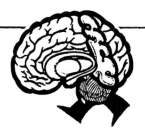

Was man tun kann, damit es nicht zu einem Feuer kommt

1. Das Zusammenleben von Menschen so organisieren, dass es nicht so schnell zu Zusammenstößen kommt! Jedem Einzelnen Raum lassen! Menschen das geben, was sie für ein freundliches Zusammenleben brauchen! Denn Menschen, die zufrieden sind, lassen sich nicht so leicht aus der Fassung bringen.

2. Den Zündfunken oder erstes Glimmen sofort löschen. Den Stein des Anstoßes dingfest machen. Einen ärgerlichen Vorfall nicht in sich hineinfressen. Zusammenstöße nicht überbewerten. Über den sich anbahnenden Konflikt reden. Noch kann das innere Feuer leicht gelöscht werden.

3. Das Feuer beherzt bekämpfen. Über vorliegende Probleme reden. Berechtigte Ansprüche und Interessen aussprechen. Hilfe eines Freundes erbitten um zu einem gerechten Ausgleich zu kommen. Es ist schwierig das innere Feuer zu löschen, aber man kann es durchaus noch schaffen.

4. Hier muss bereits eine „menschliche Feuerwehr" eingreifen. Die zuschlagende Faust muss gebremst werden. Andere Menschen vom Explosionsort fernhalten. Auseinander bringen, beruhigen und versuchen dem Feuer weiteren Brennstoff zu nehmen.

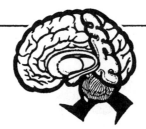

Als Sozialforscher unterwegs II

Wie es in einem Lebenslauf zu einer aggressiven Grundstimmung kommen kann.

Timo

„Ich heiße Timo, bin 14 Jahre alt …"

Ich soll etwas aus meinem Leben erzählen? Da gibt's nicht viel zu erzählen. Also, ich heiße Timo. Bin 14 Jahre alt. Ich bin in dieser stinklangweiligen Stadt geboren. Meine Schwester Nina ist zwei Jahre nach mir geboren. Familie mit zwei Kindern. Naja, Familie … Wenn man das so nennen kann. Meinen Vater hab ich selten gesehen. Der hat hart gearbeitet. Dauernd Überstunden in der Radlagerfabrik. Am Wochenende wollte er seine Ruhe haben. Wenn wir Kinder laut waren, hat er mit uns gemeckert. Meine Mutter war Hausfrau und hat sich um uns gekümmert. Kochen, Waschen, Einkaufen und so. Viel Zeit für uns hatte sie auch nicht.

Meine Eltern haben nicht viel miteinander geredet. Ich hab sie auch nie dabei gesehen, dass sie nett miteinander waren. Keine freundlichen Worte und keine Zärtlichkeiten. Weiß der Kuckuck, wie sie's fertig gebracht haben uns Kinder zu kriegen. Wenn ich mich richtig erinnere, dann haben sie sich eigentlich immer nur angeschrien. Mein Vater hat Kommandos gegeben und meine Mutter hat protestiert. Aber getan hat sie dann doch, was der Alte gesagt hat. Meine Mutter hatte Schwierigkeiten ihren Haushalt zu organisieren. Wenn etwas nicht klappte, machte mein Vater ein Riesentheater. Als ich zur Schule kam, bemerkte ich, dass er sie manchmal auch schlug. Nina und ich hielten zu meiner Mutter, aber wie sollten wir ihr helfen?

Dann fing meine Mutter an zu trinken. Damit wurde alles noch schlimmer. Sie bekam ihren Alltag nicht mehr in den Griff. Das Essen stand nicht pünktlich auf dem Tisch. Ungewaschene Wäsche lag in der Küche. Das machte meinen Vater wütend. Also schlug er sie. Eines Tages konnten wir Kinder die Schreie unserer Mutter nicht aushalten und griffen unseren Vater an. Der lachte nur und stieß uns weg. Danach hatte ich richtige Hassgefühle gegen meinen Vater. Meine Mutter tat mir Leid. Ich wollte ihr helfen. Und für Nina fühlte ich mich als großer Bruder verantwortlich. Aber ich kam mir hilflos vor. Damals habe ich oft geweint.

Meine Mutter kam nicht vom Alkohol los. Wir Kinder mussten uns tagelang selbst versorgen. Mein Vater sprach verächtlich von meiner Mutter. Eines Tages zog er aus. Er sagte, dass er nicht mehr mit einer ewig betrunkenen Schlampe zusammen sein könnte. Außerdem behauptete er, dass wir Kinder ihn ja auch nicht liebten. Er gab unserer Mutter die Schuld für alles. Er sagte, dass wir sowieso keine Familie mehr wären. Da könnte er auch gehen. Später habe ich erfahren, dass er seit langem eine Freundin hatte.

Meine Mutter hing weiter an der Flasche. Ich habe sie zu oft besoffen gesehen um noch Respekt vor ihr zu haben. Manchmal bekam sie moralische Anwandlungen und heulte uns was vor. Wir Kinder waren auf uns selbst gestellt. Wir machten, was wir wollten. Da war ja niemand, der uns bremste oder kontrollierte. Meine Schwester hörte auch nicht mehr auf mich. Ich hatte schon allerhand Blödsinn angestellt – Schuleschwänzen, Prügeleien, Klauen –, aber ich wollte nicht, dass Nina so etwas machte. Eine Zeit lang war ich ihr großer Bruder und sie hörte auf mich. Aber

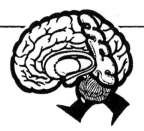

sobald sie zwölf war, kam auch sie auf die schiefe Bahn. Sie schwänzte die Schule – schlimmer als ich –, rauchte, trank Alkohol und trieb sich mit Jungen rum. Tolle Bilanz! Unsere Familie war nun völlig verrottet. Vielleicht hatte mein Vater Recht. Vielleicht haben wir ihn wirklich nicht verdient. Er hatte wenigstens immer gearbeitet und Geld rangeschafft.

Am liebsten würde ich auch abhauen, aber ich weiß nicht wohin. Eigentlich gibt es nichts mehr, was mich bei meiner Mutter hält. Wie kriegen dauernd Besuch vom Jugendamt. Die quatschen uns dann die Ohren voll. Klar, dass wir denen dann immer erzählen, dass wir uns bessern wollen. Aber natürlich tut sich nichts. Und irgendwie komme ich ja auch so durch. Schließlich kann ich mich auf mich verlassen. Auf meine Kraft. Auf meine Fäuste. Ich bekomme das, was ich will. Und zwar auf meine Art. Auf meine Muskeln kann ich mich verlassen. Wenn mir jemand quer kommt, wird er schon sehen, was er davon hat. Meine Kumpel, egal ob in der Schule oder auf der Straße, haben Respekt vor mir. Bei denen habe ich hohes Ansehen. Bei Mädchen habe ich auch durchaus Chancen. Also mach ich mir auch nicht dauernd Sorgen um meine Zukunft. Ich komm schon durch. Und die Anzeigen wegen Diebstahl und Körperverletzung machen mir auch nichts aus. Da kommt ja doch nichts nach. Vielleicht dreh ich bald mal ein richtiges Ding. Dann werden alle Augen machen …

- **Wende die Feuer-Analogie an!**

- **Welche negativen Erlebnisse prägen Timos Leben?**

- **Nenne die positiven Eigenschaften Timos!**

- **Wie wird Timos Leben zwei Jahre später aussehen? Schreibe ein Mini-Szenario darüber!**

- **Was müsste geschehen, um Timos Leben in eine gute Richtung zu bringen?**

- **Welche Erfolgserlebnisse hat Timo?**

- **Schreibe einen Lebenslauf, der ein ruhiges, befriedigendes Aufwachsen beinhaltet!**

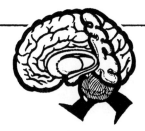

Als Sozialforscher unterwegs III

Wie es in einem Tageslauf zu einer aggressiven Grundstimmung kommen kann.

Peter hat Schnupfen. Außerdem hat er schlecht geschlafen. Der Kopf tut ihm weh. „Mir geht's nicht gut", sagt er beim Frühstück zu seiner Mutter. „Eigentlich möchte ich nicht zur Schule." „Kommt nicht in Frage", sagt seine Mutter. „So ein kleiner Schnupfen ist doch keine Krankheit. Du gehst schön zur Schule."

In der ersten Stunde hat Peter Sport. Die Klasse spielt Hallenfuß-ball. Peter strengt sich an, obwohl es ihm schlecht geht. Aber so gut wie sonst spielt er natürlich nicht. Plötzlich steht er ganz frei vorm gegnerischen Tor. Der Torwart ist schon rausge-laufen. Peter stoppt den Ball. Zielt und schießt. Aber der Ball rollt am Tor vorbei.

In der Umkleide machen sich die anderen Jungen über ihn lustig. „Guckt mal! Unser Torjäger. Steht allein vorm leeren Tor und schießt vorbei. So was von blöd. Dich können wir in unserer Mannschaft nicht mehr brauchen." Peter beißt sich auf die Lippen. Er will erklären, dass es ihm nicht gut geht. Aber er sagt nichts.

In der Mathe-Stunde muss er immer wieder an das Fußballspiel denken. Herr Fischer erklärt die neuen Aufgaben. Peter passt nicht auf. Herr Fi-scher holt Peter an die Tafel. Aber Peter weiß nicht, wie er die Aufgabe lösen soll. Drei Jungen stoßen sich an und lachen schadenfroh. „Was ist los mit dir?", fragt Herr Fischer. „Nichts", sagt Peter und sieht mit finsterem Blick auf die lachen-den Kinder. Er ballt seine Fäuste. Er setzt sich wieder an seinen Platz. Aber er kann dem Unterricht nicht folgen. Schnupfen. Kopfschmerzen. Das verpatzte Tor. Schadenfreude. „Ich könnte vor Wut platzen", denkt er.

Und dann kommt ihm Ulf in die Quere. Der Junge aus der Parallelklasse, mit dem er eigentlich noch nie Streit hatte. Ulf versperrt ihm den Weg auf dem Flur. Nur so, aus Quatsch. Aber Peter sieht plötzlich rot …

- **Schreib die Geschichte zu Ende!**

- **Wende die Feuer-Analogie an!**

- **Versuche die Stufen des Feuers in den Abschnitten zu bestimmen!**

- **Warum ist es unklug von Peter seinen Kameraden nicht zu sagen, dass es ihm schlecht geht?**

6. Wie sollen wir uns verhalten?

Ziele setzen, Regeln erarbeiten, Verhalten empfehlen

Verhaltenszielkatalog, Impulszettel, Verhaltensbreviere, Regeln mit Kurzkommentaren

In diesem Kapitel wird gezeigt, wie Regeln und Verhaltensweisen aussehen können. Bei den Textvorschlägen werden die Gebote „kurz und bündig!" und „Regeln müssen begründet werden!" konsequent berücksichtigt. Die Texte sind als Lektüre für die Schülerinnen und Schüler gedacht. Anschließend sollen eigene Entwürfe gestaltet werden. Für Eilige können die Texte mit wenigen Retuschen für die eigene Klasse oder Schule übernommen werden. Die Verhaltensempfehlungen sollen nach inhaltlicher Erarbeitung in Rollenspielen erprobt werden.
Sie können aber auch als Handzettel dienen und in den bereits mehrfach empfohlenen Dokumentationen oder Readern Verwendung finden.

Das wollen wir (lernen)

Wir haben so oft gesagt, was wir nicht wollen. Jetzt sagen wir, welches Verhalten wir erreichen wollen.

Im Zusammenhang mit Gewalt und Aggression sind die folgenden Punkte besonders wichtig.

- zuhören können
- nicht mit Gedanken herausplatzen
- eigene Meinung angemessen äußern
- Kontakte mit anderen herstellen
- um Hilfe bitten
- danke sagen
- sich in andere hineinversetzen
- die Gefühle anderer verstehen
- Fehler eingestehen
- mit eigenem Ärger so umgehen, dass andere nicht unter ihm leiden
- sich beschweren ohne andere zu beleidigen
- Streit zu Ende bringen ohne sich zu prügeln
- sich an sozialen Aufgaben beteiligen
- mit Misserfolg umgehen
- sich selbst beobachten und kontrollieren
- sich aus Streit heraushalten
- auf Hänseln angemessen reagieren
- sich negativem Gruppendruck entziehen

- damit umgehen, wenn man ignoriert wird
- Konflikte erkennen, bevor es zu einer Explosion kommt
- sich für Freunde einsetzen
- Regeln und Absprachen einhalten
- mit Provokation so umgehen, dass es zu keinem Aufschaukeln kommt
- freundliche Anweisungen geben
- um etwas bitten
- Vorschläge unterbreiten
- angemessene Forderungen stellen
- auf Bitten eingehen
- auf Vorschläge eingehen
- in begründeten Fällen „nein" sagen
- mit anderen Personen Kontakt aufnehmen
- Interesse zeigen
- ehrlich sein
- Hilfsbedürftigen helfen
- das Wohl der Gemeinschaft berücksichtigen

Das sind die Grundregeln gegen *Gewalt* und *Aggression*

Wir greifen andere nicht an (Schlagen usw. verboten!).

Wir versuchen Angegriffene zu schützen.

Wir beziehen alle Kinder in die Gemeinschaft ein.

Und wenn sich Gewalt doch ereignet?
Wenn sich z. B. andere prügeln:

- Nicht anfeuern!
- Trennen, den Schwächeren schützen!
- Hilfe herbeiholen, z. B. die Aufsicht!

Wenn du selbst angegriffen wirst:

- Gewalt melden ist kein Petzen!
- Über deine Probleme auch mit Freunden und Eltern reden!
- Die Gemeinschaft suchen, nicht meiden!
- Im Notfall lieber weglaufen als den Helden spielen!

Was noch wichtig ist:

Beleidigungen dürfen nicht zum Anlass tätlicher Angriffe werden.
Das Recht auf Notwehr bleibt unberührt.

Noch Fragen?

Wende dich an die Lehrkräfte!

Kannst du etwas gegen *Gewalt* und *Aggression* tun?

„Da kann man ja doch nichts tun!"
Doch! Jeder kann etwas gegen Gewalt und Aggression tun.
Auch du!

Du kannst dein eigenes Verhalten kontrollieren.

Du kannst mäßigend auf das Verhalten anderer wirken.

Du kannst ein gutes Vorbild abgeben.

Du kannst Streithähne auseinander bringen.

Du kannst dich auf die Seite der Opfer stellen und ihnen Hilfe anbieten.

Du kannst im Falle einer Prügelei auf dem Schulhof den Aufsichtslehrer holen.

Du kannst Provokationen ins Leere laufen lassen.

Du kannst dich für intelligente Konfliktlösung einsetzen.

Du kannst dich als Vermittler anbieten.

Du kannst aggressives Verhalten anderer ignorieren.

Du kannst aggressives Verhalten anderer kritisieren.

Du kannst aggressives Verhalten anderer durch selbstbewusstes Auftreten stoppen.

Du kannst dich einer freundlichen Sprechweise bedienen.

Du kannst um einen freundlichen Tonfall bitten.

Du kannst Gespräche über soziale Probleme in Gang setzen.

Du kannst jederzeit laut und deutlich Stellung gegen Gewalt und Aggression beziehen.

Gebote

Man kann es drehen und wenden, wie man will, um diese Erkenntnis kommen wir nicht herum: Wenn das Zusammenleben und Zusammenarbeiten in der Schule Erfolg haben soll, muss das gesamte Betriebsklima stimmen. Dann darf es nur wenig Zank und Streit geben. Dann müssen Schlägerei und Erpressung die seltene Ausnahme bleiben. Dann darf das Eigentum des Schulkameraden nicht angetastet werden.

Damit jeder genau weiß, worum es geht, hier die neun Gebote der Schule. Sie sind ganz bewusst in Befehlsform geschrieben.

Kein Stoßen, Schlagen, Rempeln!

Kein Drohen und Erpressen!

Kein Beleidigen, Fluchen, Beschimpfen!

Keine Waffen und gefährlichen Gegenstände!

Keine Zigaretten, kein Alkohol, keine Drogen!

Kein Vergreifen am Eigentum anderer!

Kein Zerstören von Schuleigentum!

Kein eigenmächtiges Verlassen der Schule oder Klasse!

Kein Stören des Unterrichts!

Regeln

Auch wenn wir uns seit Jahren darum bemüht haben, Gewalt und Aggression einzudämmen, bleibt dieses Verhalten ein großes Problem an unserer Schule.

Wir wissen, dass Gewalt und Aggression nicht von ungefähr kommen. Manche Jugendliche ahmen das Verhalten Erwachsener nach. Andere machen die leidvolle Erfahrung, selbst geschlagen zu werden. Im Fernsehen wird so getan, als sei Gewalt ein Kinderspiel. Und in der Wirtschaft wird das Recht des Stärkeren sogar öffentlich empfohlen. Eigentlich muss es uns nicht wundern, dass einige Kinder und Jugendliche auch einen Hang zur Gewalt entwickeln.

Aber eine negative Entwicklung verstehen, heißt noch lange nicht sie zu dulden oder gar zu fördern. Ganz gleich aus welchen Quellen sich Gewalt und Aggression nähren, wir wollen, dass sie in der Schule geächtet werden. Ganz gleich, wie man außerhalb der Schule zu Gewalt und Aggression steht, wir wollen sie bekämpfen. Denn wer zur Schule geht, hat ein Recht darauf nicht angegriffen zu werden.

Gewalt und Aggression sind keine Mittel Konflikte zu lösen. Man kann Probleme nicht durch einfaches „Draufhauen" lösen. Tätlichkeiten sind gefährlich. Niemand kann seine Schläge so steuern, dass er sicher sein kann, dass sie keine Verletzungen zur Folge haben. Aber auch dauerndes Ärgern, Beleidigen oder gar Erpressen tun weh. Schwächere haben ein Recht auf Schutz in der Gemeinschaft. Darum bekämpfen wir Gewalt und Aggression. Darum helfen wir den Opfern. Die Schule muss zu einer Zone gewaltfreien, friedlichen Verhaltens werden. Daher gelten die Regeln, die wir gemeinsam mit euren Eltern erarbeitet haben.

- Wir sollen unsere Mitschülerinnen und Mitschüler weder mit Wort noch mit Tat angreifen.

- Wir sollen Schülerinnen und Schüler, die angegriffen werden, helfen.

- Wir sollen uns darum bemühen, alle Schülerinnen und Schüler in die Schulgemeinschaft aufzunehmen.

Folgen von Regelmissachtung

Achtung: Es gilt die Regel, dass gewalttätige Auseinandersetzungen grundsätzlich verboten sind. Das Recht auf Notwehr bleibt unberührt.

Beleidigungen dürfen nicht zum Anlass tätlicher Angriffe werden.

Wir empfehlen Euch, immer Lehrkräfte einzuschalten.

Wer A sagt, muss auch B sagen. Wenn wir Gewalt und Aggression bekämpfen wollen, müssen wir auch Strafen aussprechen. Natürlich tun wir das nicht gerne. Wir würden uns freuen, wenn wir schon bald auf Strafen ganz verzichten können.

Wer sich an der _____ Schule aggressiver Verstöße schuldig macht, muss mit diesen Folgen rechnen:

- Vorlage schriftlicher Arbeiten

- Übernahme gemeinnütziger Aufgaben (Papiersammeln, Bälle aufpumpen, Wände reinigen, Turnhalle aufräumen u. a.)

- tageweise Ausschluss vom Unterricht

- Übergabe schwerer Fälle an die Polizei

Bei vorsätzlichen Angriffen (z. B. gezielter Schlag ins Gesicht) wird der Ausschluss vom Unterricht sofort ausgesprochen.

Entschuldigungen und Aktionen zur Wiedergutmachung sind erwünscht.

Hier noch zwei wichtige Punkte:

- Denkt bitte immer daran, dass aus kleinen Streitfällen nicht Riesenkonflikte werden dürfen. Anstatt Streit hochzuschaukeln, sollte man ihn dämpfen und schlichten. Wer mutig ist, stellt sich zwischen die Streithähne. Wer prügelnde Schüler auf dem Schulhofe umringt und sie anfeuert, kräftig zuzuschlagen, übt selbst Gewalt aus.

- Wenn jemand, der angegriffen, geschlagen oder erpresst wird, zu einer Lehrkraft geht, dann handelt er richtig. Das ist kein Petzen.

Was tun, wenn dich jemand zu unsozialem Verhalten verführen will?

Du kennst das bestimmt: Manchmal kommt jemand, der dich zu einem Verhalten überreden will, das du selbst als falsch einstufst. In einem solchen Fall muss man sich „wehren". Wenn dich z. B. jemand zum Klauen anstiften will, musst du ihm **sofort** sagen, dass du nicht mitmachen willst. Tritt dabei selbstbewusst auf. Lass den Verführer „abblitzen". Lass dich nicht auf faule Kompromisse ein. „Klauen ist klauen. Ein bisschen klauen gibt es nicht." Und: „Der Hehler ist genauso gemein wie der Stehler." Notfalls brich die Unterhaltung ab. Und lass dich nicht von blöden Kommentaren wie „Du bist feige!" beeindrucken. Dieses „Abblitzen lassen" kann man üben.

– Du triffst einen Mitschüler auf dem Schulweg. „Komm mit", sagt er. „Wir trödeln noch ein bisschen durch die Stadt. Wir sagen in der Schule, dass der Bus Verspätung hatte."

– Ein guter Bekannter fordert dich in der Stadt auf mit dem Bus schwarz nach Hause zu fahren. „Mach kein Theater! Das ist 'ne sichere Sache. Die kontrollieren ja doch nie!"

– Ein Mitschüler sagt zu dir: „Sascha hat mich heute geärgert. Dem wollen wir eine Strafe verpassen. Wir nehmen ihm jetzt die Ventile aus den Fahrradreifen. Ich nehme mir das Vorderrad vor, du dir das Hinterrad."

– Du hast einen schlechten Test geschrieben, den ein Elternteil unterschreiben soll. Du rechnest mit großem Ärger. Dein Freund sagt: „Du weißt doch, wie die Unterschrift deiner Eltern geht. Unterschreib du!"

– Ein Schüler der Parallelklasse hat in seine Trinkflasche Alkohol gefüllt. In der Pause lädt er dich ein einen Schluck mitzutrinken. „Das merkt kein Mensch," sagt er. „Die Tarnung ist perfekt. Da können wir 'ne halbe Flasche Korn unbemerkt vernaschen."

● **Spielt im Rollenspiel durch, wie man sich einer Verführung erwehren kann.**

● **Denkt euch selbst Verführungssituationen zu den folgenden Stichworten aus:**

Lügen, Rauchen, Erpressung, Wortbruch, unerlaubtes Entfernen vom Schulhof, Beseitigung von Spuren, Abfangen eines Tadelbriefes, Fälschung einer Unterschrift, nachträgliches Verbessern eines Fehlers.

Umgang mit aggressiver Provokation (z. B. Drohgebärde, Beleidigung)

Das ist das Übliche: Beleidigung – Gegenbeleidigung – Drohgebärde – erster Schlag – Gegenschlag – Prügelei …

Aber wie kann man es anders machen ohne sein Gesicht zu verlieren?

1. Bleib ruhig. Lass dich nicht reizen. Lass die Provokation ins Leere laufen. Atme tief durch.

2. Ganz wichtig: Antworte nicht mit einer Gegenprovokation. Gieße kein Benzin ins Feuer. Wer auf die Gegenprovokation verzichtet, überrascht den Provokateur mit einer nicht erwarteten Reaktion. Nutze den Überraschungseffekt!

3. Stelle eine (oder mehrere) Rückfrage(n). Dadurch steuerst du die Auseinandersetzung in die von dir gewünschte Richtung.

4. Wenn der Eskalationseffekt durchbrochen ist, kannst du deinem Gegenüber sagen, wie sein Verhalten auf dich wirkt. Dabei darfst du dich auch kritisch äußern.

5. Wenn dein Gegenüber Gesprächsbereitschaft zeigt, trage in ruhigem Tonfall deine Sichtweise vor. Beziehe das, was dein Gegenüber auf deine Fragen (Punkt 3) geantwortet hat, in deine Entgegnung ein.

„Alles viel zu theoretisch!" Daher schnell ein Beispiel:

Nach dem Unterricht auf dem Schulflur. Du warst in Mathe gut in Form, hast dich mehrfach gemeldet und richtige Antworten gegeben. Gut gelaunt willst du nun auf den Schulhof. Da kommt Timo, dein persönlicher Widersacher, dir in die Quere. „Alter Schleimer", zischelt er dich an. „Du ziehst eine meterlange Schleimspur hinter dir her." „Eine echte Beleidigung", denkst du, „ich sollte dem Kerl gleich einen Denkzettel verpassen …"
Okay, okay! Das wäre dann der normale Weg. Das dumme Aggressionshickhack, das zu einer Prügelei führt. Nun spielen wir mal die intelligente Art und Weise durch. Du antwortest nicht mit einer Gegenbeleidigung (siehe Punkt 2 im Umgang mit Provokation). Du stellst eine Rückfrage (siehe Punkt 3). „Eine echte Beleidigung", denkst du. „Aber ich lasse ihn ins Leere laufen." Und nun fragst du Timo: „Schleimspur? Kapier ich nicht. Kannste du mir das mal 'n bisschen genauer erklären?" Timo ist verdutzt. Mit dieser Reaktion hat er nicht gerechnet. Er antwortet nun: „Na, zehnmal melden und sich beim Lehrer lieb Kind machen!" Das hört sich nun schon ganz anders als Schleimer und Schleimspur an. Und weil du gut drauf bist, greifst du gleich den Faden auf. Timo hat sich selbst verraten. Ihm hat es nicht gepasst, dass du in Mathe so gut mitgearbeitet hast. „Würdest du dich nicht melden, wenn du was weißt?", fragst du. Taktisch klug hast du darauf verzichtet Timo an die Wand zu drängen. (Denn du hättest ja auch sagen können: „Typisch, typisch. Weil du zu blöd bist, einfache Mathe-Aufgaben zu lösen, machst du Neidhammel mich an …") Der findet nun kaum Worte: „Doch, aber, das heißt …" „Dann sind wir uns ja einig", sagst du nun und gehst zum Punkt 4 unserer Empfehlungen über. „Und damit das klar ist: Wenn du mich hier mit beleidigenden Worten anmachst, wirkt das wie ein rotes Tuch auf mich. Spar dir das nächste Mal deine Anmache, denn es könnte ja sein, dass ich das nächste Mal nicht so ruhig reagiere …"

Ist doch gar nicht so schwer, oder? Und auch nicht so theoretisch.
Probier's doch mal aus.

Krach, Zoff und Ärger. Was tun?
Wie soll ich mich verhalten, wenn ich selbst betroffen bin?

● Damit es gar nicht erst zu Beleidigungen und Angriffen kommt:

– Tritt selbstbewusst auf und behaupte dich angemessen. Wenn dir Wortwahl und Tonfall deines Gegenüber nicht gefallen, dann sage es ihm. Dabei sollst du aber eigene Provokationen vermeiden. Wenn dir z. B. jemand die Mütze vom Kopf reißt (angeblich aus „Spaß"), dann blicke ihn selbstbewusst an und sage ihm: „Hör auf damit, das will ich nicht!"

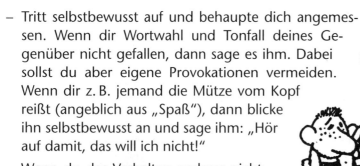

– Wenn du das Verhalten anderer nicht gleich einordnen (interpretieren) kannst, solltest du Fragen stellen um dir Klarheit zu verschaffen. Beziehe nicht jeden bösen Blick und jede unfreundliche Geste auf dich. Fragen kosten nichts und entkrampfen manche Situationen. „Du hast vorhin so eine komische Bemerkung gemacht. Wie hast du das gemeint?"

● Wenn es aber doch zu Angriffen kommt? Dann solltest du die folgenden Grundsätze beherzigen:

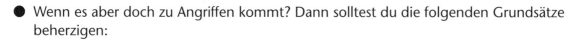

– Du bist beleidigt und gehänselt worden. Was tun? Aufsicht und Klassenlehrer stehen dir zu einem klärenden Gespräch zur Verfügung. Aber denke auch daran, dass man Worte ins Leere laufen lassen kann. Beantworte Beleidigungen nicht mit Gegenbeleidigungen. In vielen Fällen kann auch ein Gespräch mit dem, der dich reizen wollte, zu einer Lösung führen.

– Du bist erpresst worden („Wenn du morgen nicht 5 Mark mitbringst, verprügel ich dich!"). Erpressung ist eine besonders gemeine Form von Gewalt. Lehrer nehmen Erpressungsfälle sehr ernst. Gehe **sofort** zu einer Lehrkraft deines Vertrauens und sprich mit ihr über den Fall. Das ist kein Petzen. Wir helfen dir.

– Du bist tätlich angegriffen worden (eine Prügelei, die du nicht provoziert hast). Gehe **sofort** zu einer Lehrkraft deines Vertrauens. Das ist kein Petzen. Wir helfen dir. Wir dulden diese Angriffe nicht. Aber denk bitte daran, dass wir nur in eindeutigen Fällen (wo die Schuldfrage geklärt ist) Maßnahmen gegen den Täter ergreifen können. Aber auch in nicht eindeutigen Fällen kümmern wir uns um dein Problem und versuchen zu einer Lösung des Konflikts zu kommen.

– Du bist bedroht worden („Nach der Schule verprügeln wir dich!"). Es gibt Drohungen, die nur so dahingesprochen werden. Ihnen folgen keine Taten. Es gibt aber auch Drohungen, die zu Taten führen. Wenn du befürchtest, angegriffen zu werden, wende dich an eine Lehrkraft deines Vertrauens. Wir gehen dem Fall nach. Wir helfen dir.

Vorhang auf zum absurden Theater

Zwei Schüler streiten sich um die Benutzung eines Garderobenhakens. Warum sie das tun, wissen sie selbst nicht so genau. Denn es gibt 40 Haken vor der Klasse. Und von 40 Haken sind 35 unbesetzt. Es entwickelt sich das folgende Gespräch:

Schüler A.: Das ist mein Haken.
Schüler B.: Wieso dein Haken?
A.:   Ich war zuerst da.
B.:   Stimmt gar nicht. Ich war zuerst da.
A.:   Nein ich!
B.:   Quatsch nicht. Lass mich jetzt an den Haken.
A.:   Ich werd dir schon zeigen, wem der Haken
           gehört.
B.:   Na bitte! Zeig's mir! Ich warte.

Die Schüler werfen ihre Jacken auf den Boden.
Sie werfen sich feindselige Blicke zu. Sie
gehen aufeinander zu.

A.:   Penner
B.:   Oberpenner
A.:   Idiot
B.:   Oberidiot
A.:   Kannst wohl nur meine Worte wiederholen,
           Schwachkopf!
B.:   Irrtum: Du Wichser!
A.:   Arschloch

Es folgen nur Wörter aus der Fäkal- und Sexualsprache, die hier nicht wiedergegeben werden sollen.
Nach der Folge dieser unerhörten Beleidigungen folgt ein kurzes Schweigen. Die Schüler treten noch näher aufeinander zu.

A. *macht eine Drohgebärde mit der Hand.*
B. *macht eine Drohgebärde mit der Faust.*
A.:   Schlag doch zu.
B.:   Tue ich auch.

A. kommt B. zuvor. Er schlägt B. auf den Arm.
B. kontert mit einem Schlag auf die Brust.
A. schlägt B. nun ins Gesicht.

Es folgt eine wilde Prügelei unter großem Krafteinsatz. Es gibt keinen Gewinner. Die beiden Verlierer keuchen mit rotem Kopf vor sich hin. Die Erschöpfung ist grenzenlos.

Fazit: Morgen früh wiederholt sich das Spiel.

Vom absurden Theater zur angemessenen Reaktion

Zwei Schüler streiten sich um die Benutzung eines Garderobenhakens. Warum sie das tun, wissen sie selbst nicht so genau. Denn es gibt 40 Haken vor der Klasse. Und von 40 Haken sind 35 unbesetzt. Es entwickelt sich das folgende Gespräch:

Schüler A.: Das ist mein Haken.

Schüler B.: Wieso dein Haken?

A.: Ich war zuerst da.

B.: Stimmt gar nicht. Ich war zuerst da.

A.: Dann waren wir wohl beide zur gleichen Zeit da.

B.: Aber ich will unbedingt diesen Haken.

A.: Warum ausgerechnet den Haken?

B.: Naja, also …

A.: Da sind doch noch fast alle frei.

B.: Dann nimm du doch einen freien.

A.: Tu ich auch. Das ist mir nämlich zu doof mich um einen Garderobenhaken zu streiten, wenn rechts und links noch alles frei ist.

B.: Irgendwie hast du Recht. Der Streit lohnt sich nicht.

7. Aus der Perspektive der Lehrkräfte

Transparenz in die Sozialerziehung bringen

Schülerbriefe, Elternbriefe

In diesem Kapitel werden sozialerzieherische Maßnahmen aus Lehrersicht erläutert und begründet. Dabei sollen sich die Briefe nicht nur an die Schülerinnen und Schüler, sondern auch an die Eltern wenden. Alle Briefe sind als Klassenlektüre geeignet. Die meisten Vorlagen sind so verfasst, dass sie direkt übernommen werden können. Im Übrigen sind die Vorlagen (die als Originale bereits verwendet wurden) als Denkanstöße für eigene Entwürfe zu verstehen. Es spricht nichts dagegen auch Schülerinnen und Schülern die Aufgabe zu stellen nach ähnlichem Muster Briefe an die Lehrkräfte zu schreiben.

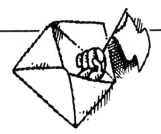

Liebe Eltern,

wir verraten wahrlich kein Geheimnis, wenn wir darauf hinweisen, dass das Sozialverhalten unserer Kinder und Jugendlichen oft zu wünschen übrig lässt. In der Schule müssen wir feststellen, dass viele Schülerinnen und Schüler erhebliche Probleme im Umgang mit anderen und mit sich selbst haben. Das Einhalten der sozialen Spielregeln im Unterricht und in der Pause ist aber für ein produktives und freundliches Miteinander in der Schule absolut notwendig. Schule ist nun einmal eine Gemeinschaftsveranstaltung, die nur gelingen kann, wenn alle, die an ihr teilnehmen, über ein bestimmtes Maß Gemeinschaftsfähigkeit verfügen.

Daher sind wir gut beraten unsere sozialerzieherischen Bemühungen zu verstärken. Die Zielrichtung unserer Erziehung muss eine Verhaltensänderung zu mehr Freundlichkeit, Friedfertigkeit und Kooperationsbereitschaft sein. Darüber hinaus müssen wir dafür sorgen, dass jenes Verhalten, das das Wohlbefinden anderer Personen beeinträchtigt, abgebaut wird. „Förderung sozialfreundlichen Verhaltens und Hemmung von unsozialem, aggressivem Verhalten", das ist die Kurzformel für unsere Sozialerziehung. Wir wünschen uns Kinder und Jugendliche, die sich vertragen und gut zusammenarbeiten. Wir wissen sehr genau, dass es immer Konflikte geben wird. Aber wir wollen unseren Schülerinnen und Schülern zeigen, dass man mit Konflikten „intelligent" umgehen kann, dass es Mittel und Wege gibt sie zu entschärfen oder zu lösen ohne Fäuste und Ellenbogen einzusetzen. Schule muss ein Ort sein, wo alle, die an Schulehalten beteiligt sind, sich wohl fühlen. Und vergessen wir nicht, dass ein schlechtes Sozialklima auch lernbehindernd wirkt.

Warum wenden wir Lehrer uns an Sie? Weil wir wissen, dass wir nur mit Ihrer Hilfe auf Erfolg hoffen dürfen. Sie wissen es genauso gut wie wir: Erziehung ist heutzutage zu einem schwierigen Geschäft geworden. Deshalb ist es wichtig, dass alle, die mit Kindern zu tun haben, zusammenarbeiten. Wir würden uns freuen, wenn Sie unsere Bemühungen unterstützen. Wir werden Sie weiter informieren.

Mit freundlichen Grüßen

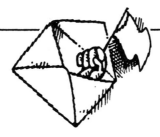

Sehr geehrte Frau _____,

sehr geehrter Herr _____,

Sie haben bereits die unerfreuliche Erfahrung gemacht, aus der Schule Post zu bekommen, in der wir Sie über Verhaltensauffälligkeiten Ihres Kindes informierten.

Heute bekommen Sie wieder Post. Aber diesmal haben wir Erfreuliches zu berichten. Das Verhalten Ihres Kindes hat sich verbessert.

_____ hat Fortschritte gemacht. Wir möchten _____

daher auf diesem Wege ein Lob aussprechen.

Mit freundlichen Grüßen

Liebe Schülerinnen und Schüler,

Schüler sagen oft: „Lehrer haben Spaß am Verbieten. Hier die Schulordnung, da besondere Regeln. Alles wird uns vorgeschrieben."
Das stimmt nicht. Lehrer wollen durchaus nicht nur Gebote und Verbote aufstellen. Wir tun das nur, weil viele Schüler nicht von selbst auf jene Regeln kommen, die für ein freundliches und produktives Miteinander notwendig sind. Hier haben wir die Regeln einmal umgeschrieben. Wir sagen also nicht, was verboten ist, sondern was erwünscht ist.

Also: das gemeinsame Lernen und Leben in der Schule klappt gut,

– wenn ihr die Rechte anderer achtet,
– wenn ihr freundlich miteinander umgeht,
– wenn ihr im Unterricht mitmacht und nicht stört.

Das wär es schon. Eigentlich doch nicht viel verlangt, wenn man diese Grundsätze einhält, oder?

Man könnte es übrigens noch einfacher sagen. Es gibt ein Sprichwort, das in aller Kürze sagt, wie man sich in einer Gemeinschaft verhalten soll.

„Was du nicht willst, das man dir tu,
das füge keinem anderen zu."

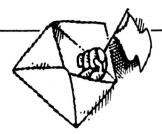

Liebe Schülerinnen und Schüler,
liebe Eltern,

aus gegebenem Anlass und damit keine Missverständnisse entstehen, wiederhole ich die wichtigsten Punkte der Schulordnung und die Regeln, die wir gegen Gewalt entwickelt haben. Ich darf darauf aufmerksam machen, dass diese Regeln in Zusammenarbeit mit den Eltern entstanden sind. Sie haben an den Formulierungen mitgewirkt und auf der Schulkonferenz über sie abgestimmt. Gerade diejenigen Regeln, die wir als sehr konsequent einstufen, sind von den Eltern mit beschlossen worden. Das bedeutet, dass sie nunmehr „geltendes Recht" sind und nicht im Einzelfall neu diskutiert werden können.

– *Wer Gewalt an unserer Schule ausübt, wird sofort nach Hause geschickt. Er/sie erhält eine Arbeitsauflage und bleibt den Folgetag zu Hause.*
– *Wer andere Personen beleidigt, muss sich entschuldigen.*
– *Wer Lehrer beleidigt („Sie Idiot", „Sie als Oma haben mir sowieso nichts zu sagen", Vogel zeigen, zotige Gesten) wird nach Hause geschickt. Am nächsten Tag ist eine schriftliche Entschuldigung vorzuweisen. Ein Erziehungsberechtigter hat in der Schule zu erscheinen.*
– *Eigenmächtiges Weglaufen aus dem Schulbereich ist als grober Verstoß gegen die Schulordnung zu werten. Das hat übrigens rechtliche Gründe (Haftpflicht!).*
– *Schüler/innen müssen es „ertragen", wenn wir gelegentlich persönliche Kontrollen durchführen. Gefährliche Gegenstände, Zigaretten, Alkohol, Rauschgift sind an unserer Schule verboten. Was nützen Verbote, wenn sie nicht kontrolliert werden?*
– *Lehrkräfte sind für ihre Schule verantwortlich. Deshalb ist ihren Anweisungen Folge zu leisten. Nun wissen wir ja alle, dass unsere Schüler Schwierigkeiten mit dem Befolgen von Anweisungen haben. Also werden wir sie nicht jedes Mal „tadeln", wenn sie sich unfolgsam oder gar renitent verhalten. Aber Eltern und Schüler/innen sollen wissen: Wenn Unfolgsamkeit zu Behinderung oder Vereitelung von Unterricht oder Gefährdung anderer Personen führt, sind die Lehrer an dieser Schule angewiesen sofort zu handeln. Handeln bedeutet in diesem Zusammenhang auch Ausschluss vom Unterricht. Das gilt vor allem im Sport- und Schwimmunterricht. Wer hier nicht das tut, was der Lehrer aus Sicherheitsgründen anordnet, kann nicht unterrichtet werden.*
– *Unsere Schule gehört zu den gepflegtesten der Stadt. Sie wird vom Hausmeister – freiwillig! – fortlaufend renoviert. Da wird man sich denken können, dass wir es nicht zulassen, dass die Wände beschmiert werden. Wenn wir jemand erwischen, fordern wir Schadensersatz.*

Zum Schluss noch diese Bemerkung: Wir Lehrer/innen haben „null Bock" auf Verbote und Kontrollen. Wir sind Lehrer/innen. Wir wollen unseren Schüler/innen etwas beibringen und ihnen den Aufenthalt in der Schule angenehm gestalten. Um dieses Ziel wenigstens annähernd zu erreichen, müssen wir als Reaktion auf untragbares Verhalten eingreifen. Wir Lehrer/innen fühlen uns verpflichtet, der Mehrheit der gut- und lernwilligen Schüler/innen normalen Unterricht, Sicherheit und eine freundliche, gepflegte Umgebung zu bieten.

Mit freundlichen Grüßen
Ihr/euer

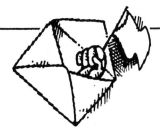

Liebe Eltern,

wie Sie wissen, sind wir bemüht durch unterrichtliche und organisatorische Maßnahmen aggressivem Verhalten Einhalt zu gebieten. Das Thema Gewalt und Aggression ist mit unseren Schülerinnen und Schülern oft besprochen worden. Auch das Verhalten der Lehrkräfte ist auf Konferenzen zum Gegenstand von Besprechungen gemacht worden. Lehrerinnen und Lehrer müssen nicht nur ein gutes Vorbild abgeben, sie müssen auch in persönlichem Engagement tätig werden. Wir können das schwierige Geschäft der Sozialerziehung aber nur erfolgreich anpacken, wenn Schule und Elternhaus am gleichen Strang ziehen. Daher bitten wir Sie mit uns zusammenzuarbeiten und auch im Bemühen um eine Reduktion aggressiven Verhaltens mit uns in die gleiche Richtung zu gehen. Was können Sie persönlich tun?
Wir haben ein Merkblatt für Eltern entwickelt, das sich im Einklang mit unserem Schulkonzept befindet.

Check-Liste für Eltern zu Gewalt und Aggression

Sie wollen etwas gegen Gewalt und Aggression tun …
Dann sollten Sie die folgenden Punkte beachten.

● Rund um die eigene Person, bevor es zur Gewalt kommt.

– Überprüfen Sie Ihre Einstellung zum Problembereich Gewalt und Aggression und ändern Sie oder verdeutlichen Sie sie gegebenenfalls
– Beziehen Sie auch in Gesprächen klar Stellung gegen Gewalt.
– Geben Sie ein gutes Vorbild ab, auch im sprachlichen Bereich. Verwenden Sie in kritischen Situationen „Ich-Aussagen!".
– Halten Sie klare Erziehungsreaktionen bereit, damit Sie im Falle von Gewaltausübung bei Ihren Kindern sofort handeln können. Das gilt vor allem für Strafen.

● Rund um Haus und Hof

– Verstärken Sie soziales Verhalten Ihrer Kinder.
– Stellen Sie klare Grundregeln auf: In unserem Hause lösen wir Probleme nicht mit dem Ellenbogen …
– Diese Worte sind verboten …
– Entschärfen Sie Problemzonen (z. B. im Badezimmer, wenn's Streit beim Zähneputzen gibt).
– Gehen Sie dazwischen, wenn's brenzlig wird. Kinder zu trennen ist besser als genervt zuzuschauen, wenn sich Streit hochschaukelt.
– Bestrafen Sie Gewaltanwendung. Aber strafen Sie nicht im Zorn, sondern wohlüberlegt und wohldosiert. Kündigen Sie Strafen vorher an. Strafen Sie sofort.
– Reden Sie mit Ihren Kindern über den Problembereich Gewalt und Aggression. Weisen Sie sie in Konfliktlösungen ohne Druckausübung ein.

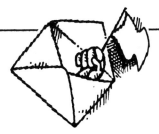

● Rund um die Schule

– Ihre Kinder haben ein Recht auf seelische und körperliche Unversehrtheit in der Schule. Nehmen Sie Probleme, die sich aus Gewalt und Aggression in der Schule ergeben, ernst.
– Wenn Ihr Kind angegriffen wird, sprechen Sie mit ihm über diese Probleme. Scheuen Sie sich nicht auch mit dem Klassenlehrer oder dem Schulleiter zu reden.
– Sorgen Sie dafür, dass in der Klasse und in der Schule Strategien gegen Gewalt und Aggression entwickelt werden.
– Sprechen Sie Eltern aggressiver Kinder an und fordern Sie auch von ihnen, dass sie ihren Kindern Zügel anlegen.
– Fordern Sie von den Politikern sich dem Problem Gewalt und Aggression – in der Schule und in der Gesellschaft – intensiver zuzuwenden.

● Auf der Straße, auf dem Spielplatz

– Beweisen Sie Zivilcourage! Intervenieren Sie auch hier, wenn Schwächere zum Opfer werden. Trennen Sie prügelnde Kinder.
– Nehmen Sie provozierende Gesten und Beleidigungen von Kindern und Halbwüchsigen ernst und verwahren Sie sich gegen derartige Ausfälle.
– Scheuen Sie sich nicht Gewalttaten bei der Polizei anzuzeigen.

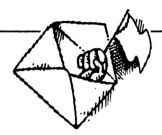

Liebe Eltern,

mit diesem Brief bitte ich Sie um Mithilfe die Probleme mit aggressivem Verhalten unserer Schüler/innen zu vermindern.

An unserer Schule haben wir nach wie vor große Probleme mit Aggression, sprachlicher Verrohung und Provokation. Unsere Schule ist dafür bekannt, dass sie sich auf vielfältige Weise bemüht, diesem Verhalten entgegenzusteuern. Leider ist unseren Bemühungen zu oft zu wenig Erfolg beschieden.

Wir werden uns in nächster Zukunft dem Problemfeld Aggression verstärkt zuwenden. Den bei uns geltenden „Regeln gegen Gewalt" entsprechend werden wir Schüler/innen, die bei Tätlichkeiten erwischt werden, nach Hause schicken.

Sie als Eltern wissen nun aber ebenso gut wie wir Lehrkräfte, dass es sich bei schulischen Maßnahmen nur um punktuelles Eingreifen handelt. Einen entscheidenden Faktor bei der Bekämpfung von Aggression stellt das Elternhaus dar! Dessen sollten Sie sich bewusst sein. Schule und Elternhaus müssen an einem Strang ziehen. Helfen Sie uns – und Ihren Kindern! –, indem Sie bei aggressivem Verhalten gegensteuern. Wenn Ihr Kind bei Tätlichkeiten erwischt wurde, sollten Sie schriftliche Missbilligungen – oder gar einen Ausschluss vom Unterricht – zum Anlass nehmen auch im Elternhaus eine deutliche Stellung gegen dieses Verhalten zu beziehen. Nehmen Sie Aggression nie auf die leichte Schulter! Und bedenken Sie, dass wir Sie nur in schwerwiegenden Fällen informieren, die durch Zeugenaussagen belegt sind. Wenn wir Schüler/innen nach Hause schicken, haben wir den Vorfall sorgfältig geprüft! (Immer unter Einbeziehung einer anderen Lehrkraft. Es gibt keine „Alleinentscheidungen!") Auch wenn Ihr Kind selbst zur Aggression neigt, sollten Sie wissen, dass auch Täter eines Tages zum Opfer werden können. Die Bekämpfung von Aggression geht uns alle an.

In diesem Sinne bitte ich Sie also um Mithilfe. Mehr als für andere Institutionen muss in der Schule gelten, dass sie ein Ort friedlichen und freundlichen Miteinanders sein muss.

Mit freundlichen Grüßen

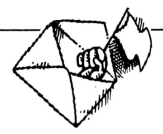

Liebe Eltern,

heute wende ich mich mit einem besonderen Problem an Sie. Die Sache ist verzwickt: Einerseits beschweren sich Eltern und Schüler/innen darüber, dass Lehrer/innen zu wenig und zu selten durchgreifen. Andererseits wird uns auch der Vorwurf gemacht, zu streng zu sein. Sie werden sich denken können, dass Beschwerden sich vorzugsweise mit diesen Aussagen befassen. Beschweren wird man sich aber nur, wenn es um das eigene Kind geht. Selten hört man, dass man sich über strenges Vorgehen einem fremden Kind gegenüber beschweren will. Wie gesagt: Die Sache ist verzwickt. Hier ist ein klärendes Wort fällig.

Sie müssen wissen, dass wir an unserer Schule mit erheblichen Verhaltensschwierigkeiten zu kämpfen haben. Einige Schüler/innen verhalten sich aggressiv. Ihr Umgangston ist laut, hart und oft von Beleidigungen geprägt. In unserer Schule sind Lehrer schlecht beraten, nur mit sanfter Stimme an die Einsicht der Schüler/innen zu appellieren. Lehrkräfte müssen sich oft mit lauter Stimme durchsetzen. Und wenn Schüler/innen sich dauernd Schimpfwörter der härtesten Art an den Kopf werfen, dann muss selbstverständlich auch einmal eine Strafarbeit verteilt werden. Lehrer/innen sollen selbst keine Schimpfwörter verwenden, aber das „Lautwerden" kann man ihnen nicht verbieten.

Und wie ist das mit dem „Anfassen?" Natürlich dürfen Kinder angefasst werden. Wenn wir das nicht dürften, könnten wir uns jede Sportstunde sparen und die Aufsicht können wir auch gleich streichen. Wenn wir in eine Prügelei eingreifen, müssen wir Kinder anfassen, manchmal sogar hart. Und wenn wir einen wild gewordenen Schüler daran hindern, einen anderen zu verprügeln, müssen wir sie notfalls sogar mit „Polizeigriffen" davon abhalten. Wenn jemand der Klasse verwiesen wird und er will nicht gehen, dann darf der Lehrer oder die Lehrerin ihn selbstverständlich ziehen. Das sollte Schüler/innen und Eltern klar sein.

Gelegentlich drehen Schüler dann den Spieß um. Sie behaupten dann, dass der Aufsichtslehrer, der sie von einer Prügelei abgehalten hat, sie „geschlagen" habe. Bei diesen Wahrheitsverdrehungen reagieren wir empfindlich. Damit wird die Basis der Zusammenarbeit entzogen. Wenn solche Verdrehungen einreißen, können wir „den Laden dicht" machen. Wir werden bei einer derartigen Rufschädigung notfalls auch eine Verweisung von der Schule diskutieren.

So weit soll es nicht kommen. Ich denke, dass dieser Brief Ihnen entsprechende Informationen geliefert hat.

Mit freundlichen Grüßen

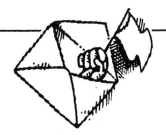

Persönlicher Brief eines Lehrers an seine Schülerinnen und Schüler

Liebe Schülerinnen und Schüler,

Schule ist eine Gemeinschaftsveranstaltung. Ihr sitzt hier nicht in abgeschotteten Lernkabinen, in denen ihr mit Lernstoff versorgt werdet. Ihr lernt mit anderen Schülerinnen und Schülern zusammen. Fünf bis sechs Stunden lebt ihr mit anderen Schülerinnen und Schülern zusammen. Schulehalten kann daher nur gelingen, wenn ihr bereit und fähig seid, mit anderen zusammenzuarbeiten und zusammenzuleben. Daher kommt eurem Sozialverhalten eine besondere Bedeutung zu. Das friedliche und freundliche Miteinander ist das Fundament unserer Schule. Wenn es ins Wanken gerät, besteht die Gefahr, dass die ganze Schule zusammenbricht. Wenn der Umgang der Schülerinnen und Schüler von Zank und Streit geprägt wird, wird die Atmosphäre vergiftet. Wenn sprachliche Verrohung die Zusammenarbeit vereitelt, wenn Konflikte mit der Faust gelöst werden, dann sind das keine Probleme am Rande, sondern sehr schwerwiegende und ernst zu nehmende Probleme.

Leider muss ich feststellen, dass auch euer Sozialverhalten zu oft von Bissigkeit und Giftigkeit geprägt ist. Zu oft setzt ihr den Ellenbogen ein. Und wenn ich an euer Sprachverhalten denke, dann klingen mir selbst beim Schreiben noch die Ohren. Nein, unser Klassenklima ist nicht prima. Wir werden daran arbeiten müssen, dass es besser wird.

Erlaubt mir bitte an dieser Stelle einige persönliche Bemerkungen. Gelegentlich höre ich von euch Kommentare wie diesen: „Nun regen Sie sich doch nicht so auf. Wie wir miteinander reden, das ist doch unsere Sache!" Und: „Wenn Sie uns dauernd vorwerfen, dass wir zu ruppig miteinander umgehen, dann liegt das auch daran, dass Lehrer Lust auf Mäkeln haben." Ehrlich gesagt: Ich habe überhaupt keine Lust euch dauernd „korrigieren" zu müssen. Viel lieber würde ich euch loben. Aber ich muss euch den Spiegel vorhalten und um besseres Verhalten bitten – nein, eigentlich muss ich sagen: besseres Verhalten fordern! –, denn das Verhalten in der Schule ist eben nicht eure Privatsache.

Zunächst sind die Probleme, die sich aus mangelnder Gemeinschaftsfähigkeit ergeben, auch meine Probleme. Da sind wir Lehrkräfte viel dünnhäutiger, als ihr denkt. Ich muss es einmal ganz ehrlich aussprechen: Zank und Streit zehren an meinen Nerven. Schimpfwörter tun meinen Ohren weh. Hier bin ich also als Mensch betroffen.

Aber auch als Lehrer. Denn Zank und Streit beeinträchtigen den Unterricht. Nur wenn man sich wohl fühlt, kann man gut lernen. Und wie ich sofort hinzufügen muss: gut lehren! Wenn man als Lehrer zulässt, dass im Klassenraum Beleidigungen und provozierende Gesten zum üblichen Umgang gehören, macht man sich, langsam aber sicher, den eigenen Unterricht kaputt. Also: Probleme, die sich aus eurem Verhalten ergeben, sind durchaus auch meine Probleme.

Im Übrigen meine ich, dass das Verhalten in der Schule auch deswegen nicht „Privatsache" ist, weil die Schule eine öffentliche Einrichtung ist. Es macht schon einen Unterschied, ob man zu Hause oder im Freundeskreis merkwürdiges Verhalten an den Tag legt oder ob man das in der Öffentlichkeit tut. Daher bringt es auch nichts, wenn ihr gelegentlich darauf hinweist, dass ihr das von mir kritisierte Verhalten auch zu Hause oder im Freizeitheim zeigt. Wenn ihr meint, dass es richtig ist dort mit schrecklichen Begriffen aus der Sex- und Klosprache um euch zu

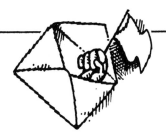

werfen, euch zu prügeln und zwischendurch immer wieder lautstark zu rülpsen, dann bedauere ich das, aber ich kann nichts dagegen tun. Die Schule aber muss sich deutlich gegen dieses Verhalten wenden. Ich tue das, indem ich mit euch über die Probleme rede und andere pädagogische Maßnahmen treffe. Wenn das Verhalten völlig untragbar ist, wenn es das Lernen behindert und wenn es andere Personen verletzt, dann werde ich mich auch bestimmter Strafen bedienen. Dann muss man schon einmal den Unterricht verlassen oder eine Extraaufgabe bearbeiten.

„Mein Vater hat gesagt, Schulstrafen sind Machtmissbrauch." Das hat mir vor kurzem ein Schüler vorgehalten. Meine Antwort darauf: Von Missbrauch kann keine Rede sein. Natürlich wende ich nur das an, was das Schulgesetz mir vorschreibt. Über Macht können wir durchaus reden. Wenn viele Menschen zusammenkommen, braucht man einige Regeln, die beachtet und durchgesetzt werden müssen. Für die Durchsetzung dieser Regeln braucht man etwas von dem, was man „Macht" nennt. Wenn die Schule diese Macht nicht ausübt, werden die Regeln nicht durchgesetzt und Einzelpersonen werden die Macht – und zwar in ihrem Sinne – übernehmen. Setzt sich der Lehrer in der Klasse nicht im Sinne einer begründbaren, sinnvollen Schulordnung durch, werden einzelne Schülerinnen oder Schüler – übrigens, durchaus nicht immer die Sympathischsten! – Macht ausüben und sich durchsetzen. Das aber geschieht dann fast immer zu Lasten der Schwächeren. Einen solchen Zustand kann ich nicht als wünschenswert bezeichnen.

Ich hoffe, dass ich euch ein wenig Stoff zum Nachdenken gegeben habe.
Ich freue mich auf das Gespräch mit euch.

Euer

8. Anstiftung zur Gewaltreduktion, zu mehr Friedlichkeit und Freundlichkeit

Farbe bekennen, appellieren, Impulse geben

Slogans für Buttons, Impulszettel, Postervorlagen

Im letzten Kapitel des Buches soll die Eigenarbeit der Schülerinnen und Schüler im Zentrum des unterrichtlichen Geschehens stehen. Es werden Kopiervorlagen vorgestellt, die mit Text und Bild zu mehr Friedlichkeit und Freundlichkeit anstiften sollen. Die Unvollständigkeit der Entwürfe soll die Schülerinnen und Schüler zur Eigengestaltung herausfordern. Die fertigen Produkte können als Poster, Buttons, Bilder, Impulszettel für den Unterricht oder als Handzettel Verwendung finden. Und ein letztes Mal muss der Hinweis gegeben werden, dass auch sie für die Gestaltung von Broschüren und Readern hervorragend geeignet sind. Sie können hier Textpassagen auflockern und Witz und Pfiff ins Layout bringen.

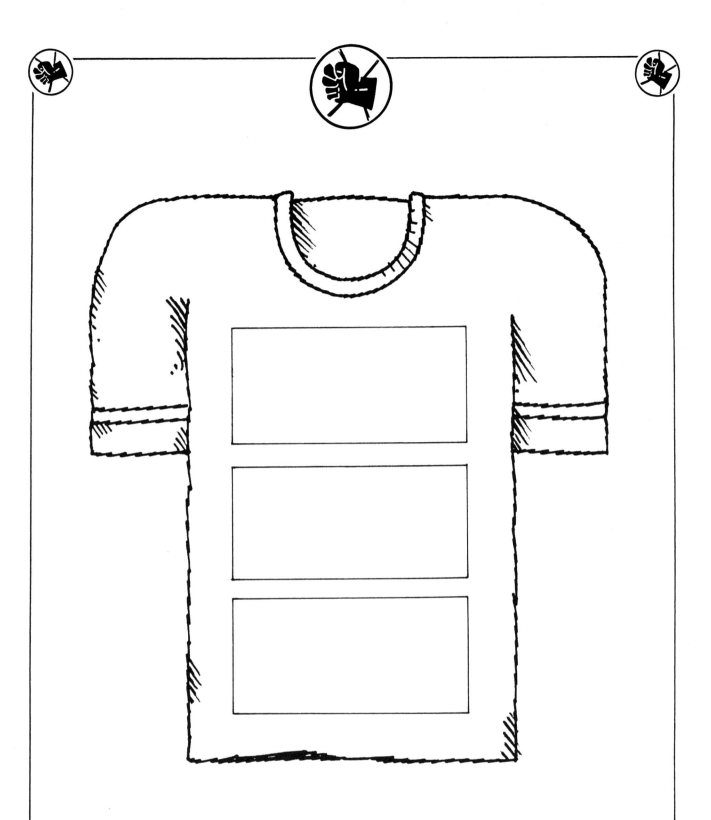

Du bist gegen Gewalt und Aggression. Du setzt dich für ein Fairplay ein. Wenn du deine Meinung in Kurzform auf einem T-Shirt festhältst, wie würde es dann aussehen?

Skizziere ein T-Shirt gegen Gewalt!

Slogans, Kürzel und Sprüche für Buttons und Poster

Hier findest du Sprüche für Buttons und Poster. Wenn dir ein Spruch gefällt, kannst du mit ihm einen Button oder ein Poster gestalten. Vielleicht regen dich die Beispiele an selbst Sprüche zu erfinden. Button-Maschinen gibt es in Jugendfreizeitheimen oder Partei-Büros.

- Gewalt führt in die falsche Richtung
- Streithähne haben kleine Hirne
- Brutalo? Nein danke!
- Friedfertigkeit? Ja bitte!
- Halt der Gewalt!
- Our way = fair play.
- Advantage Freundlichkeit
- Hallo Schüler, denk daran, Gewalt fängt schon im Kleinen an.
- Zähne zeigen? Spitze Krallen? Ein Lächeln würde mehr gefallen!
- Schlagen ist mir echt zu blöd. Ich weiß, dass es auch anders geht!
- Wenn dir der Sinn nach Schlagen steht, schlag 'ne Schlacht, die friedlich geht.
  Kissenschlacht ist zu empfehlen, weil die bösen Hiebe fehlen.
- Priority for Fairplay
- Schadenfreude = falsche Freude
- Heute schon gelächelt?
- In der Wut tut niemand gut!
- Zähne zeigen? Aber nur beim Lächeln!
- Was du nicht willst, das man dir tu, das füg auch keinem andern zu.

AKTION gegen GEWALT

Wir wollen

_____

_____

_____

_____

Wir wollen nicht

_____

_____

_____

_____

Entwirf einen Zündzettel (Impulsgeber, Initialzünder) für Aktionen oder Maßnahmen gegen Gewalt an dieser Schule. Füge den Namen deiner Schule in den oberen Kasten ein. Gestalte den Zettel nach deinen Ideen aus. Dabei hast du freie Hand: Entscheide selbst, ob du Cliparts einfügst oder frei zeichnest!

Vervollständige die Vorlage!

Textidee:
Schlagen ist mir echt zu blöd, ich weiß, dass es auch anders geht.

Hier sehen wir einen hässlichen Bauzaun. Auf ihm befindet sich eine Reklametafel.

Du darfst ihn bemalen. Mit Parolen für mehr Freundlichkeit und Friedlichkeit.

Aktion gegen Gewalt

Damit wir wissen, worüber wir reden: Was verstehen wir unter Gewalt und Aggression?

Gewalt und Aggression sind bewusste Handlungen, um anderen einen Schaden zuzufügen. Also:

_____

_____

_____

Wir reden nicht über unbeabsichtigtes Rempeln oder einen bösen Blick. Wir wollen auch keine Engel an unserer Schule. Aber unsere Meinung zu Gewalt und Aggression steht fest:

_____

_____

_____

Daher möchten wir etwas gegen Gewalt und Aggression tun. Helft alle mit, dass es an unserer Schule friedlich zugeht.

Wenn du unter Gewalt und Aggression leiden musstest:

- Wende dich an eine Person deines Vertrauens!
- Wer sich bei Lehrkräften meldet, weil er unter den oben beschriebenen Handlungen leiden musste, ist kein Petzer!
- Unter dieser Telefonnummer kannst du auch nachmittags einen Ansprechpartner finden
  _____ .
- Denk dran, dass der Vertrauenslehrer immer für dich da ist.

Gestalte den Impulszettel aus. Entwirf einen neuen Zettel, der die Gegebenheiten deiner Schule genauer erfasst!

Vervollständige die Vorlage!

Textvorschläge:

Mensch, mach dich nicht zum Affen. Was bei Affen normal ist, muss bei Menschen noch lange nicht normal sein.

VORFAHRT für FREUNDLICHKEIT

Dafür setzen wir uns ein!

Trage den Schulnamen ein! Gestalte den Bogen aus!
Wirb für Unterschriften, die in den unteren Kasten kommen!

Vervollständige die Vorlage!

Textvorschläge:

Was beim Tiger fast ästhetisch wirkt, kann beim Menschen arg lächerlich wirken. Zähne zeigen passt zum Tiger, beim Menschen ist es weniger passend.

Vervollständige die Vorlage!

Textvorschläge:

Wir machen mit bei der Aktion „mehr Freundlichkeit".

Vervollständige die Vorlage!

Textvorschläge:

In der Wut tut niemand gut.

Vervollständige die Vorlage!

Textvorschläge:

Lächeln ist der Schlüssel für Freundschaft.
Dein persönlicher Schlüssel heißt Freundlichkeit.

Vervollständige die Vorlage!

Textvorschläge:

Was sie kann, kannst du viel besser.
Was Menschen seit 500 Jahren fasziniert, kann nicht falsch sein.

Vervollständige die Vorlage!

Textvorschläge:

Eigentlich interessieren mich Sexwörter gar nicht, aber alle regen sich so herrlich darüber auf.
Kleine Jungs, die Mädchen mit Sexwörtern belästigen, gehören auf die Couch eines Psychiaters.

Der Eisbrecher

Der Eisbrecher
bahnt sich seinen Weg
durch Kälte und Eis.
Nichts hält ihn auf.
Kraftvoll gradeaus
zieht er seine Spur
durchs Tiefgefrorene.

Elf Jahre ist er alt
und hat zwei lustige Leberflecken
auf der linken Wange.
Selbst das Eis des Nordpols
würde seinem Lächeln
nicht standhalten.

Der kleine Peter
ärgert sich über die Großen.
Wenn ich einmal groß bin,
denkt Peter,
will ich zu den Kleinen so sein,
wie ich möchte,
dass die Großen heute zu mir sind.

Bravo Peter! Gut gedacht!
Aber warte nicht,
bis du so groß bist wie die Großen.
Sei schon heute nett zu den Kleinen!
Denn du weißt doch,
dass du schon heute
der große Bruder
deiner kleinen Schwester bist.

Texte: J. Korte

Wähle einen Text aus und gestalte mit ihm ein Impulsblatt!

Kissenschlacht

Lass das Prügeln, lass das Schlagen!
Geht euch nicht gleich an den Kragen!
Wenn der Sinn nach Schlagen steht,
schlagt 'ne Schlacht, die friedlich geht.

Lass das Prügeln, lass das Schlagen!
Boxt euch nicht gleich in den Magen!
Ich empfehl 'ne Kissenschlacht,
weil sie keine Beulen macht.

Kissenschlacht ist zu empfehlen,
weil die bösen Hiebe fehlen.
Keine Schläge und kein Feind
und kein Kind, das nachher weint.

Niemand wird beim Kissenschlagen
über Schmerzen sich beklagen.
Ich empfehl 'ne Kissenschlacht,
weil man dabei herzlich lacht.

Training

Laufen
Tempo machen
Dauerlaufen
und dabei aus der Puste kommen
das ist toll

Lächeln
die Leute anstrahlen
Dauerlächeln
und dabei gar nicht aus der Puste kommen
das ist das Allertollste

Texte: J. Korte

Wähle dir einen Text aus und gestalte mit ihm ein Impulsblatt!

Das geht auch ohne bildnerische Elemente. Durch Anordnung der Wörter und Schriftwahl kann ebenfalls eine plakative Wirkung entstehen.

„Dreimal stündlich lächeln!"

Lächeln kann wie eine gute Medizin wirken.
Gegenanzeigen sind nicht bekannt.
Und zu Risiken und Nebenwirkungen müsst ihr weder die Packungsbeilage lesen noch euren Arzt oder
euren Apotheker fragen!

Gestalte die Vorlage aus! Zeichne einen Arzt, der mit seinem Patienten spricht oder füge Medizinreklame, die du aus Zeitschriften ausschneidest, ein!

Ein Albtraum

Ein schöner Traum

Gestalte die Bilder aus! Verwende dabei die folgenden Begriffe:

Gewalt, Freundlichkeit, Erpressung, Schlagen, Treten, Fairness, Höflichkeit, Bedrohung, Friedlichkeit, Zusammenarbeit

Mädchen sind, wie sie sind.
Jungen sind, wie sie sind.
Und das ist gut so.
Und das soll so bleiben.

Oft machen sich Mädchen und Jungen mit abfälligen Kommentaren das Leben schwer. Jungen sagen: „Mädchen sind schwach, gefühlsduselig und zickig." Mädchen sagen: „Jungen sind angeberisch, gefühlskalt und rücksichtslos." Daraus ergibt sich oft ein Streit. Pingpong, das ganz schön lächerlich wirkt.

Überlege dir ein Gespräch, das nicht diesem üblichen Muster folgt!
Schreib in Sprechblasen einen freundlichen Dialog, der das unterschiedliche Verhalten von Jungen und Mädchen kennzeichnet!

Es ist wissenschaftlich erwiesen, dass Freundlichkeit
ansteckend wirkt.
Wir wollen, dass jede Möglichkeit der Ansteckung genutzt
wird.
Am liebsten wäre es uns, wenn das ganze Land von einer
Epidemie überrollt würde.

**Gestalte die Vorlage aus! Du kannst um den Rand Unterschriften sammeln.
Der Text kann auch ausgeschnitten und in Zeitungsartikel eingeklebt
werden.**

```
┌─────────────────────┐
│                     │
│                     │
│                     │
│                     │
│                     │
│    Dein Passbild    │
│                     │
│                     │
│                     │
│                     │
│                     │
└─────────────────────┘
```

Textvorschlag:

Wie gut, dass die Evolution sich in meine Richtung bewegt hat.

Eigentlich brauchst du nur einen Schlüssel ...

FREUNDLICHKEIT

knackt jedes Schloss

Gestalte die Vorlage aus!

Wir finden, dass wir das besser können:

Gestalte die Vorlage aus!

9. Literatur

Ferstl, R. u. a.: Gutachterliche Stellungnahme zur Verbreitung von Gewalt an Schulen in Schleswig-Holstein. Kiel 1993

Fine, V. und Macbeth, V.: Fireworks, Creative Approaches to conflict. Leicester 1992 a

Fine, V. und Macbeth, V.: Playing with fire. Training for the creative use of conflict. Leicester 1992 b

Gamber, P.: Konflikte und Aggressionen im Betrieb. München 1994

Gordon, Th. Die neue Familienkonferenz. München 1993

Hagedorn, O.: Konfliktlotsen. Stuttgart 1995

Knopf, H. (Hrsg.): Aggressives Verhalten und Gewalt in der Schule. Prävention und konstruktiver Umgang mit Konflikten. München 1996

Korte, J.: Faustrecht auf dem Schulhof. Weinheim 1993

Korte, J.: Lernziel Friedfertigkeit. Weinheim 1994

Korte, J.: Sozialverhalten ändern? Aber wie? Weinheim 1996

Korte, J.: Stundenentwürfe zur sozialen Unterweisung. Weinheim 1997

Korte, J.: Schulreform im Klassenzimmer. Weinheim 1998

Nolting, H.-P.: Lernfall Aggression. Hamburg 1997

Oelkers, J. und Prior, H.: Soziales Lernen in der Schule. Königstein 1982

Olweus, D.: Gewalt in der Schule. Was Lehrer und Eltern wissen sollten und tun können. Bern 1995

Petermann, F. und Petermann, U.: Training mit aggressiven Jugendlichen. Weinheim 1991

Petermann, F. und Petermann, U.: Training mit Jugendlichen: Förderung von Arbeits- und Sozialverhalten. Weinheim 1993

Petermann, F., Jugert, G., Tänzer, U. und Verbeck, D.: Sozialtraining in der Schule. Weinheim 1997

Petillon, H.: Sozialerziehung in der Grundschule. Frankfurt am Main 1993

Walker, J.: Gewaltfreier Umgang mit Konflikten. Frankfurt am Main 1995

Aktuelle Themen des Schulalltags in der Reihe *Schule und Unterricht*

Siegfried Bäuerle/
Helgard Moll-Strobel/Gerd-Bodo
Reinert/Helmut Wehr

Gewalt in der Schule

216 S., DIN A4, kart.

Best.-Nr. **3095**

Schüler wenden immer öfter und immer erbarmungsloser Gewalt an. Gewalttätige, aggressive Kinder und Jugendliche stellen Pädagogen zunehmend vor große Probleme. Vor dem Hintergrund neuester Forschungen erhalten Sie einen Überblick zu dem bedrückenden Problem der Gewalt von Schülern. Mit vielen konkreten und in der Schulpraxis erfolgreich erprobten Konzepten und Strategien – auch Tipps – zur Prävention und Behebung von gewalttätigem Schülerverhalten. Ein Buch aus der Praxis für die Praxis!

Markus Ritter

Computer und handlungsorientierter Unterricht

Zur allgemeinen und fremdsprachendidaktischen Reichweite eines neuen Mediums

456 S., kart.

Best.-Nr. **2715**

Der Band zeigt Möglichkeiten und Grenzen auf, die theoretisch entwickelten medien- und fremdsprachendidaktischen Positionen in konkreten Unterricht umzusetzen.

Margret Ruep

Innere Schulentwicklung

Schule als lernende Organisation – ein lebendiger Organismus

256 S., kart.

Best.-Nr. **3224**

Lust auf Veränderung? Lassen Sie sich von Margret Rueps praxisorientierten Ideen für eine innere Schulentwicklung begeistern! Ausgehend von dem Leitgedanken Kurt Lewins, Betroffene zu Beteiligten zu machen, werden neben einem Theoriemodell zahlreiche konkrete Beispiele vorgestellt. Dieses Werk macht Ihnen Mut, Veränderungen auf den Weg zu bringen.

Wilhelm Wittenbruch/Ulrike Kurth (Hrsg.)

Katholische Schulen: Nachfrage steigend – Bildungswert fallend?

160 S., kart.

Best.-Nr. **3234**

Mit 13 unterschiedlich akzentuierten und inhaltlich aspektreich angelegten Beiträgen von Theologen, Erziehungswissenschaftlern und Pädagogen aus Schulpraxis bzw. Schulaufsicht wird eine „Streitschrift" vorgelegt. Aufgrund verlässlicher Informationen und überprüfbarer Reflexionen will sie „Streitkultur" und „Streitmöglichkeiten" im Hinblick auf das Problem- und Handlungsfeld „Katholische Schule" verbessern, aber auch Wege und Formen der „Katholischen Schule" als eines „pädagogisch gestalteten Lern- und Lebensraumes" aufzeigen. Der Band soll die von dieser Diskussion betroffenen Eltern, Lehrer und Schüler einladen, sich aktiv, kundig und reflektiert an der Weiterentwicklung der Schulen in freier Trägerschaft zu beteiligen.

Reihe Schule und Unterricht
Herausgegeben
von Jörg Petersen und
Gerd-Bodo Reinert

Immer auf dem neuesten Stand mit AUER!

Auf die Plätze – fertig – Workies!

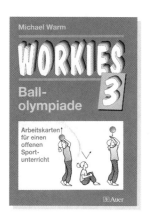

Gesund und munter?

Damit dies auch bei Ihren SchülerInnen so bleibt:
Begleiten Sie die Kinder und Jugendlichen auf ihrem Weg der Stärkung von Körper und Persönlichkeit!

Karla Drechsler-Schubkegel

Suchtprävention

Süchte erkennen, mit Süchten umgehen, Süchte bekämpfen
Ein Projekt für die Jahrgangsstufen 7 und 8

48 S., DIN A4, kart. Best.-Nr. **3228**

In diesem Projekt setzen sich die Jugendlichen der Jahrgangsstufen 7/8 mit dem eigenen „Suchtverhalten" (Fernsehen, Video, Essverhalten, Zigarettenkonsum …) auseinander. Sie erkennen, dass intensives Suchtverhalten die Persönlichkeitsstruktur negativ verändert, und sie entwickeln über die Reflexion ihrer eigenen Stärken und Fähigkeiten Alternativen zur Sucht und Zukunftsperspektiven. Gleichzeitig werden Grundregeln der Kommunikation und des Verhaltens in der Gruppe vermittelt, die die Jugendlichen zu gegenseitiger Achtung, Toleranz und respektvollem Umgang miteinander erziehen. Ein mehrfach erprobtes dreitägiges Unterrichtsprojekt mit Kopiervorlagen und praktikablen Vorschlägen zur Organisation der Projekttage.

Christine Angerer-Kraus/Michaela Robl

Gesunder Rücken ohne Krücken

Handlungsorientierte Unterrichtsmodelle für wirbelsäulengerechtes Schul- und Alltagsverhalten in den Jahrgangsstufen 1–6

Mit Kopiervorlagen

192 S., DIN A4, kart. Best.-Nr. **3093**

Die in diesem Buch vorgestellten Unterrichtsmodelle ermöglichen Kindern, die wesentlichen anatomischen Kenntnisse handlungsorientiert zu begreifen. Daneben gibt es gezielte Anleitungen zum rückenfreundlichen Verhalten, das in spielerischer Form mithilfe von vielen Abbildungen, Arbeitsblättern, Folienvorlagen und Puzzles eingeübt werden kann.

Ⓐ Auer BESTELLCOUPON Ⓐ Auer

Ja, bitte senden Sie mir/uns

_____ Expl. Karla Drechsler-Schubkegel
Suchprävention Best.-Nr. **3228**

_____ Expl. Christine Angerer-Kraus/Michaela Robl
Gesunder Rücken ohne Krücken Best.-Nr. **3093**

mit Rechnung zu.

Bitte kopieren und einsenden an:

Auer Versandbuchhandlung
Postfach 11 52
86601 Donauwörth

Meine Anschrift lautet:

_____
Name/Vorname

_____
Straße

_____
PLZ/Ort

_____
Datum/Unterschrift

Rund um die Uhr bequem bestellen unter
Telefon: 01 80 / 5 34 36 17
Fax: 09 06 / 7 31 78